"A lei do Senhor é perfeita, e revigora a alma."
Salmos 19.7

"A lei é boa, se alguém a usa de maneira adequada."
1Timóteo 1:8

WILLIAM DOUGLAS
AUTOR COM MAIS DE 1 MILHÃO DE LIVROS VENDIDOS

O PODER DOS 10 MANDAMENTOS
O ROTEIRO BÍBLICO PARA UMA VIDA MELHOR

PREFÁCIO DE
AUGUSTO CURY

Niterói, RJ

© 2021, Editora Impetus Ltda.

Editora Impetus Ltda.
Rua Alexandre Moura, 51 – Gragoatá – Niterói – RJ
CEP: 24210-200 – Telefax: (21) 2621-7007

CONSELHO EDITORIAL:
ANA PAULA CALDEIRA • BENJAMIN CESAR DE AZEVEDO COSTA
CELSO JORGE FERNANDES BELMIRO • ED LUIZ FERRARI • EUGÊNIO ROSA DE ARAÚJO
FÁBIO ZAMBITTE IBRAHIM • FERNANDA PONTES PIMENTEL
IZEQUIAS ESTEVAM DOS SANTOS • MARCELO LEONARDO TAVARES
RENATO MONTEIRO DE AQUINO • ROGÉRIO GRECO
VITOR MARCELO ARANHA AFONSO RODRIGUES • WILLIAM DOUGLAS

Capa: Bruno Pinemtel Francisco
Impressão e encadernação: Editora e Gráfica Vozes Ltda.

CIP-BRASIL. CATALOGAÇÃO NA PUBLICAÇÃO
SINDICATO NACIONAL DOS EDITORES DE LIVROS, RJ

13-04988

Douglas, William
O poder dos 10 mandamentos: o roteiro bíblico para uma vida melhor – 2 ed. /
William Douglas. — Niterói: Impetus, 2021.

ISBN: 978-65-86044-28-7

1. Dez Mandamentos   2. Espiritualidade   3. Vida cristã — Ensino bíblico
I. Título.

CDD-241.521.

O autor é seu professor; respeite-o: não faça cópia ilegal.
TODOS OS DIREITOS RESERVADOS – É proibida a reprodução, salvo pequenos trechos, mencionando-se a fonte.
A violação dos direitos autorais (Lei nº 9.610/1998) é crime (art. 184 do Código Penal). Depósito legal na Biblioteca Nacional, conforme Decreto nº 1.825, de 20/12/1907.
A **Editora Impetus** informa que quaisquer vícios do produto concernentes aos conceitos doutrinários, às concepções ideológicas, às referências, à originalidade e à atualização da obra são de total responsabilidade do autor/atualizador.

www.impetus.com.br

Há um tempo em que é preciso abandonar as roupas usadas
Que já têm a forma do nosso corpo
E esquecer os nossos caminhos que nos levam sempre aos mesmos lugares.

É o tempo da travessia
E se não ousarmos fazê-la
Teremos ficado para sempre
À margem de nós mesmos.

Fernando Teixeira de Andrade

1. Você não pode criar prosperidade desalentando a iniciativa individual.
2. Você não pode fortalecer o fraco debilitando o forte.
3. Você não pode ajudar os pequenos esmagando os grandes.
4. Você não pode ajudar o pobre destruindo o rico.
5. Você não pode elevar o assalariado pressionando quem paga o salário.
6. Você não pode resolver seus problemas enquanto gaste mais do que ganha.
7. Você não pode promover a fraternidade da humanidade admitindo e incitando o ódio de classes.
8. Você não pode garantir uma adequada segurança com dinheiro emprestado.
9. Você não pode formar o caráter e o valor de um homem cortando-lhe sua independência (liberdade) e iniciativa.
10. Você não pode ajudar os homens realizando por eles permanentemente o que eles podem e devem fazer por si mesmos.

Decálogo de Abraham Lincoln

Sumário

Agradecimentos   11
Apresentação   13
Prefácio   17
Os Dez Mandamentos   21
Introdução   23

Parte 1 — Os Dez Mandamentos são para todos   29
  1. Essência e história dos Dez Mandamentos   31
  2. A atualidade dos Dez Mandamentos   47
  3. Os Dez Mandamentos, a Psicologia e a ciência   65
  4. Os Dez Mandamentos são fruto do amor   79

Parte 2 — Os Dez Mandamentos para uma vida melhor   91
  5. Não ponha nada no lugar de Deus   93
  6. Aprenda a lidar com um Deus que é espírito e invisível   103
  7. Faça valer sua palavra   115
  8. Administre bem seu tempo   123
  9. Seja um filho exemplar   135
  10. Preserve toda forma de vida   145
  11. Invista em seu casamento   155
  12. Respeite o que é do outro   167
  13. Fale sempre o que é bom e verdadeiro   177
  14. Seja grato pelo que tem e vá viver sua vida   187

Conclusão   199
Notas   205
Referências bibliográficas   207
Sobre o autor   209

Agradecimentos

A Deus, por seu amor, suas leis, sua paciência e ousadia, por criar planetas e galáxias tão grandes e ainda assim se importar com homens tão pequenos.

Aos amigos, à Nayara e aos filhos: vocês me tornam menos pequeno.

A Luciana, Ingrid e Hugo e às equipes da 4ª Vara Federal de Niterói e da Impetus, a Ana Daysi e Letícia: vou mais longe porque tenho vocês ao meu lado.

A meus pais, pelos sacrifícios em prol dos filhos: vocês fizeram a diferença.

A Adolfo Martins, Leonard Felder, Carlo Carrenho, Nataniel Gomes, Luiz Fernando Pedroso, Marcos Simas e Maurício Zágari, da editora Mundo Cristão, por sua contribuição na escritura deste livro.

Agradeço, em especial, a Renato Fleischner e Marcelo Martins, por sua ajuda na construção da carreira editorial desta obra.

Apresentação

SEMPRE HOUVE MANDAMENTOS na história do mundo. Entre os povos primitivos, eram estabelecidos de forma oral e controlavam a estabilidade dos grupos tribais — fossem eles meramente familiares ou uma coletividade mais numerosa. Com o desenvolvimento da escrita, começaram a ser registrados em pedra ou argila. As leis escritas mais antigas de que se tem conhecimento são os códigos sumérios de Ur-Nammu, de cerca de 2050 a.C. Mas nenhuma legislação causou tanto impacto na história das civilizações quanto aquela que ficou conhecida como *os Dez Mandamentos*.

Segundo as crenças judaica e cristã, o primeiro decreto de que se tem notícia está relatado no terceiro versículo do livro bíblico de Gênesis, quando Deus bate o martelo na criação do universo: "Haja luz". Depois, o Senhor forma Adão e Eva, e a Bíblia registra o primeiro mandamento da trajetória da humanidade: "Coma livremente de qualquer árvore do jardim, mas não coma da árvore do conhecimento do bem e do mal, porque no dia em que dela comer, certamente você morrerá" (Gn 2.16-17). O primeiro casal tem tudo para viver harmonicamente um com o outro, com o Criador e também com a fauna e a flora. Lamentavelmente, tendo apenas uma regra a seguir, acaba por descumpri-la.

Fica claro que a humanidade precisa de determinações que regulem seu procedimento. Por isso, as Escrituras registram que, séculos mais tarde, Deus dá ao homem um código de leis escrito: os Dez Mandamentos — também conhecidos por *Decálogo*. No hebraico em que foi redigido o texto original do Antigo Testamento cristão (equivalente ao *Tanach* dos judeus), o termo traduzido por *mandamento* é *mitsvâh,* que significa, exatamente, *ordem, lei, ordenança, preceito* (Êx 24.12). Já no grego utilizado na redação do Novo Testamento, o vocábulo empregado é *entole* (Cf. Mt 22.36-40), que designa uma "ordem formal e explícita feita com autoridade". Isso mostra que os Dez Mandamentos são uma expressão da vontade e da determinação divinas. Só que, aos olhos do autossuficiente homem pós-moderno, o Decálogo parece ser uma castradora e anacrônica lista de proibições, estabelecida por um Deus estraga-prazeres tirânico e mandão. É quando devemos nos perguntar: será?

Neste livro, o juiz federal William Douglas consegue enxergar o Decálogo além dessas aparências e lança luz sobre seu lado positivo e amoroso. Especialista em leis, o autor mostra que, se os preceitos de Deus são vistos por muitos como normas rígidas de um Pai despótico, na verdade eles constituem o passaporte para uma vida equilibrada, harmoniosa e, consequentemente, feliz. Ao se deixar conduzir por Douglas nessa jornada ao coração de Deus, você será capaz de ver os Dez Mandamentos como uma demonstração de amor de um Pai gentil, carinhoso e devotado para com a humanidade.

A transgressão de um mandamento bíblico gera consequências espirituais (Rm 5.12-14). Mas basta ler o relato da desobediência de Adão e Eva para se perceber que a quebra das leis divinas provoca também desarmonia no plano físico: prejuízo ao relacionamento interpessoal, danos ambientais e, principalmente, sofrimento individual (Gn 3.12-19). Em resumo: infelicidade.

Portanto, por mais que a desobediência pareça tão suculenta e prazerosa como o tentador fruto de uma árvore, na verdade ela é um convite para a tristeza e toda sorte de males. A conseguinte percepção lógica e natural é que a obediência aos Dez Mandamentos abre as portas para relacionamentos saudáveis, equilíbrio e uma vida de paz e contentamento. Se você ainda tem qualquer dúvida quanto a isso, a leitura deste livro vai revelar que, por trás das duras tábuas de pedra em que o Decálogo foi talhado pelo próprio dedo de Deus, está uma das mais ternas declarações de amor já feitas em toda a história do universo.

Boa leitura!

MAURÍCIO ZÁGARI

Prefácio

Quem é o Autor da existência? Por que ele se esconde atrás da cortina do tempo e do espaço? Como é seu caráter? Por que ele é tão discreto que parece não existir e tão presente que parece reivindicar sua presença a cada instante nas nuances de cada flor, nas lágrimas que se encenam no teatro do rosto e no sorriso que torna a vida o maior espetáculo, mesmo quando não há aplausos?

Nada intrigou a mente humana ao longo da história mais que Deus. Independentemente da raça, sociedade ou cultura, todos falam dele e de alguma forma o procuram. Nem os ateus conseguem fugir do tema *Deus*. Todas as tentativas de negá-lo ou desconstruí-lo são um testemunho solene da sua importância. Posso falar isso com certa segurança, porque fui um dos maiores ateus que pisaram nesta terra. Para mim, Deus era fruto de um cérebro apaixonado pela vida e que resistia ao seu caos na solidão de um túmulo. Mas quando estudei a inteligência de Cristo sob o ângulo da ciência (Psiquiatria, Psicologia, Sociologia e Psicopedagogia) meu ateísmo implodiu. Percebi que ele não cabe no imaginário humano.

A partir desse momento a busca por Deus deixou de ser para mim uma atitude de pequenez intelectual e passou a ser um ato inteligentíssimo do psiquismo humano. Entretanto, nessa trajetória, fiquei convicto de que o indivíduo que não é capaz de respeitar os diferentes não é digno da maturidade psíquica. A relação do ser humano com Deus, a despeito de uma religião, deveria irrigar a personalidade humana com altruísmo, solidariedade, generosidade, resiliência, capacidade de se pôr no lugar dos outros e de apostar tudo o que se tem naqueles que pouco têm. Jesus, como o maior educador da história, ensinava dia e noite essas matérias aos seus alunos ou discípulos. Mas, infelizmente, muitos ao longo das eras não aprenderam essas lições fundamentais.

O ser humano, por ter frequentemente a necessidade neurótica de poder e de evidência social, usa diversos meios para dominar os outros e não libertá-los, uma atitude completamente diferente daquela que postulou em prosa e verso o Filho de Deus. Quando ele aliviava a dor física e emocional de alguém, suplicava que não propagandeassem seus feitos. Ele doava-se sem esperar o retorno. Proclamava que por detrás de uma pessoa que fere há sempre uma pessoa ferida. Demonstrava que a maior "vingança" contra um inimigo é compreendê-lo e perdoá-lo. Atitudes nobilíssimas que fazem os inimigos serem reeditados em nossa memória. Como não ficar profundamente admirado com sua inteligência e maturidade emocional?

Nas entrelinhas das suas biografias, os chamados *evangelhos*, percebe-se a sua personalidade. Do mesmo modo, nas entrelinhas dos Dez Mandamentos é possível perceber a assinatura, o caráter, a intencionalidade, as teses fundamentais e os pensamentos subliminares do personagem mais misterioso, complexo, afetivo, discreto e, ao mesmo tempo, presente do teatro da existência: Deus. Os Dez Mandamentos promovem a liberdade responsável, a generosidade, a tolerância, a justiça social, a saúde das relações sociais, enfim, como meu querido amigo William Douglas comenta, promovem a qualidade de vida e o sucesso em seus mais amplos sentidos.

William Douglas é um brilhante juiz federal e um especialista em fenômenos como disciplina, memória e projetos de vida. Centenas de milhares de pessoas o leem e aprendem com ele a romper o cárcere da rotina e a lutar com determinação para atingir suas metas e seus ideais.

Tinha de ser um juiz para analisar as leis áureas contidas nos Dez Mandamentos. Tinha de ser uma mente criativa para analisar as teses psíquicas e sociais do discretíssimo Autor da existência. Tinha de ser uma mente inteligente para analisar, ainda que com limitações, a mente mais brilhante. Tinha de ser alguém apaixonado pela vida e pela humanidade para aplicar os Dez Mandamentos no desenvolvimento da qualidade de vida numa sociedade altamente estressante como é a nossa. Parabéns, William, por essa bela obra e parabéns ao leitor que tem o privilégio de lê-la.

AUGUSTO CURY
Psiquiatra, escritor, pesquisador da Psicologia, escritor com livros publicados em mais de sessenta países. Autor da Teoria da Inteligência Multifocal — que estuda o processo de construção de pensamentos e a formação de pensadores, analisada em nível de mestrado e doutorado.

Os Dez Mandamentos

E Deus falou todas estas palavras:
"Eu sou o Senhor, o teu Deus, que te tirou do Egito, da terra da escravidão.
Não terás outros deuses além de mim.
Não farás para ti nenhum ídolo, nenhuma imagem de qualquer coisa no céu, na terra, ou nas águas debaixo da terra. Não te prostrarás diante deles nem lhes prestarás culto, porque eu, o Senhor, o teu Deus, sou Deus zeloso, que castigo os filhos pelos pecados de seus pais até a terceira e quarta geração daqueles que me desprezam, mas trato com bondade até mil gerações aos que me amam e obedecem aos meus mandamentos.
Não tomarás em vão o nome do Senhor, o teu Deus, pois o Senhor não deixará impune quem tomar o seu nome em vão.
Lembra-te do dia de sábado, para santificá-lo. Trabalharás seis dias e neles farás todos os teus trabalhos, mas o sétimo dia é o sábado dedicado ao Senhor, o teu Deus. Nesse dia não farás trabalho algum, nem tu, nem teus filhos ou filhas, nem teus servos ou servas, nem teus animais, nem os estrangeiros que morarem em tuas cidades. Pois em seis dias o Senhor fez os céus e a terra, o mar e tudo o que neles existe, mas no sétimo dia descansou. Portanto, o Senhor abençoou o sétimo dia e o santificou.
Honra teu pai e tua mãe, a fim de que tenhas vida longa na terra que o Senhor, o teu Deus, te dá.

Não matarás.
Não adulterarás.
Não furtarás.
Não darás falso testemunho contra o teu próximo.
Não cobiçarás a casa do teu próximo. Não cobiçarás a mulher do teu próximo, nem seus servos ou servas, nem seu boi ou jumento, nem coisa alguma que lhe pertença".

Êxodo 20.1-17

Introdução

A MAIORIA DE nós não entende nada de mecânica da aviação. Também não conhecemos o trajeto que devemos percorrer para sair de um aeroporto e pousar em segurança em outro. Muito menos fazemos ideia de como se comanda uma aeronave. Mas todos temos a certeza de que o piloto e a equipe de manutenção das companhias aéreas são dignos de confiança, caso contrário nem ao menos entraríamos no avião. É essa credibilidade que nos permite voar com tranquilidade.

Contudo, para que o voo transcorra em segurança, recebemos algumas orientações. Em princípio, parece antipático o aviso de "desligar os telefones, afivelar os cintos e manter a poltrona na posição normal". Para nós seria mais confortável decolar com o encosto reclinado e batendo um papo descontraído no celular com algum amigo ou parente. Só que um exame mais atento revela todo um cuidado especial por trás das instruções que a equipe de bordo repete a cada voo, que visam não a incomodar ou castrar, mas a proteger a integridade física dos passageiros.

Outra informação que sempre ouço nas minhas viagens é que, em caso de despressurização do avião, máscaras de oxigênio cairão automaticamente à nossa frente. A companhia aérea alerta que, havendo alguém menor de idade ao nosso lado, primeiro temos de pôr a máscara em nós e, só depois, cuidar dele. Isso não parece lógico dentro do princípio de "mulheres e crianças primeiro", mas é o mais indicado.

Pois você pode desfalecer se puser primeiro a da criança e aí nem você nem ela terão a máscara! Minha terapeuta costuma dizer que "anêmicos não doam sangue". Em alguns casos, senão em todos, primeiro temos de estar bem para, só então, sermos capazes de nos doar ou ajudar o próximo.

Ninguém critica as companhias de aviação por dizer que não se pode fazer isso ou aquilo durante o voo. As proibições são, nesse caso, evidentemente voltadas para o bem-estar de quem está sendo limitado pelas orientações dadas. Com os Dez Mandamentos da fé cristã, registrados na Bíblia, ocorre um fenômeno parecido. Conhecemos bem as recomendações, mas basta alguém repetir uma delas para nos desconectarmos do papo. É possível (e provável!) que muitos tenham pulado a leitura dos Dez Mandamentos, na página anterior, e pensado "já conheço isso de cor e salteado. Onde o autor pretende chegar com esse discurso antigo e conservador?".

Sem perder o bom humor, devo concordar com esses dois adjetivos: *antigo* e *conservador*. Enquanto alguns livros sequer chegam à segunda edição, a Bíblia passou pelo teste do tempo. E as lições desse livro antigo — mas impressionantemente atual — continuam a fornecer luz e direção a milhões de pessoas em todo o mundo. Os ensinamentos das Escrituras nos ajudam a conservar a saúde física, emocional e espiritual. É ou não um livro literalmente "conservador"?

Minha leitura dos Dez Mandamentos será muito pessoal — ou melhor, voltada para o seu aspecto pessoal. A ideia é você estar com oxigênio, bem, forte e sadio, para poder ser fonte de alegria e beneficiar quem estiver ao seu lado. Quer você seja ateu, judeu, evangélico, católico ou muçulmano, quero convidá-lo a esquecer, durante a leitura deste livro, a ideia de que os Dez Mandamentos foram criados com uma finalidade opressora ou que são exclusivos para seguidores desta ou daquela religião. Com essa abertura, poderemos examiná-los sob um novo paradigma: como um caminho para uma vida plena.

Para os cristãos, a Bíblia é um texto inspirado por Deus. Para outros, é apenas um livro de sabedoria (ainda que um dos melhores). Por fim, há quem veja nela somente historinhas e fantasias. Seja como for, os Dez Mandamentos sobreviveram por mais de três milênios e, a Bíblia, por mais de 1.600 anos depois de definido o Novo Testamento — e essa longevidade por si só já justifica um olhar atento sobre o que dizem. Mais do que isso, é enorme o número de pessoas que afirmam ter construído uma vida de paz e boas realizações tendo os seus ensinamentos como base. Isso sempre me fez ter interesse pelo texto bíblico.

Desde a época do Iluminismo, no século 18, o homem trocou a cultura centrada em Deus por uma com foco na humanidade. Passamos, assim, a perceber as coisas na dimensão humana, valorizando além da conta a nossa capacidade de conhecer. A partir dessa mudança de paradigma, os fundamentos da ética tradicional se desfizeram e, no seu lugar, surgiram o individualismo e o hedonismo — que põem os prazeres individuais e imediatos acima de tudo.

Na década de 1950 tem início a chamada era da pós-modernidade, com um novo tipo de homem, que se interessa por tudo, mas não deseja compromisso com nada. Almeja aproveitar o momento, pois para ele tudo é passageiro. Não possui metas heroicas ou grandes ideais. Busca uma tolerância absoluta, por isso é superficial e geralmente aceita qualquer coisa. Fabrica sua verdade de acordo com as próprias necessidades. Passa por cima de tudo e todos para alcançar fama, sucesso e vitórias. Almeja vantagens. Só lhe interessa possuir, comprar, consumir desenfreadamente. O homem pós-moderno é normalmente autoconfiante e rodeado de abundância, cercado de direitos e aparato social voltado para atendê-lo. Isso lhe garante liberdade de ação. Nega-se inclusive a sujeitar-se a uma ideologia, seja capitalista ou socialista.

Todavia, apesar de tanta liberdade e abundância, esse homem não é feliz. Tem certa dose de bem-estar e desfruta de prazeres, mas vive esvaziado da autêntica alegria. Almeja a satisfação rápida, que, em longo prazo, transforma-se em fracasso. É melancólico, pois reconhece a impossibilidade de ter e se acomodar. Sofre de vazio existencial. Vive cansado, tem a impressão de fazer tudo com excesso de esforço. O motivo real disso está na falta de um projeto de vida e em um vazio interior. É estressado, pessimista e depressivo. Aprecia o descanso e o tempo livre, mas quer tudo para ontem e assume mais tarefas do que seria saudável aceitar.

As ideologias que permeiam a vida desse homem são o materialismo (ter acima de ser), o hedonismo (prazer acima de tudo, sem compromisso ou amor), permissivismo (vale tudo, desde que você se sinta bem), relativismo (nada é absoluto), consumismo (sinônimo de liberdade, que gera crise econômica e ecológica) e niilismo (homem "livre", aberto, plural mas sem uma ética comum).

O homem pós-moderno não almeja necessariamente acabar com Deus, mas passa a se pôr no centro. Tudo existe e tem valor enquanto serve de resposta às suas necessidades e aos seus desejos. O importante é não possuir amarras:

tudo que é do bem é bom, logo, você deve seguir o que lhe faz bem.

A religião passa a ser uma mercadoria, serve apenas para saciar o indivíduo. Na verdade, ainda que o homem pós-moderno esteja mais racional, continua buscando explicações para sua existência. Mas acredita que, por meio da experiência, poderá se conhecer melhor e também a Deus. E, como cada experiência é individual, as religiões também passam a ser. Cada um tem a sua, conforme a necessidade e a experiência pessoais. Vale tudo para encontrar-se: ingredientes cristãos, orientais, africanos, indígenas, esotéricos ou o que for.

O grande desafio é que os valores da moral pós-moderna se contrapõem frontalmente aos da moral cristã. O evangelho de Cristo segue uma verdade absoluta, com princípios que norteiam toda a ética humana. Existem absolutos. Pela Bíblia há pecado, culpa e necessidade de perdão. A utilidade objetiva da religião é reaproximar o homem de Deus, sempre preocupado com o outro ("Ame o seu próximo como a si mesmo."). Já a pós-modernidade acredita que tudo é relativo, logo, nada é absoluto. Isso faz que sua ética seja vazia de princípios, cada um tenha a sua — ou, como dizia um comercial de cigarros, "cada um na sua, mas com alguma coisa em comum". Em comum, talvez, o que se tenha seja esse individualismo.

Como despreza o pecado, a ética pós-moderna é egoísta, pois precisa produzir prazer e satisfação pessoal. É natural, então, que o homem pós-moderno não busque a Deus, apenas os benefícios práticos que ele possa oferecer.

Eu e você vivemos na pós-modernidade, portanto, tudo isso faz parte do sistema de valores e crenças em que estamos imersos. Apesar disso, precisamos pensar a vida como um projeto viável, mas conscientes de que, para isso, é necessário que sejam estabelecidas normas e limites éticos, que levem o homem a ser mais íntegro, solidário com o próximo. No contexto da pós-modernidade, precisamos nos esforçar por manter a verdade absoluta e atemporal viva dentro de nós, reconhecendo que essa é a única esperança de estabelecermos uma ética saudável e responsável — não apenas por nós mesmos, mas pela sociedade como um todo. Precisamos retomar um humanismo coerente, comprometido com valores, pois, sem um direcionamento moral, a almeja pela satisfação torna-se vazia. Precisamos começar a nos satisfazer satisfazendo o outro. Precisamos construir laços.

A Bíblia é um livro milenar, surgido muitos séculos antes da pós-modernidade. Tem sido fonte de inspiração e sabedoria ao longo de toda a minha vida. O resultado dessas reflexões, observações e prática é uma experiência extremamente enriquecedora. Muitos nutrem certo preconceito contra seus ensinos, por culpa do comportamento de alguns segmentos que justificam suas práticas com base em interpretações bíblicas um tanto (ou muito!) questionáveis. Mesmo assim, quero convidar você a me acompanhar em uma viagem que vai explorar um dos textos mais conhecidos da literatura mundial, que norteou a ética e os relacionamentos de bilhões de pessoas durante séculos: os Dez Mandamentos.

É o que faremos nas próximas páginas: revisitar um a um cada item dessa lista e buscar neles orientações para o longo e emocionante voo da vida.

PARTE 1

Os Dez Mandamentos são para todos

CAPÍTULO 1
Essência e história dos Dez Mandamentos

Na sua forma mais completa, a felicidade e a razão coincidem.

Herbert Marcuse, sociólogo e filósofo alemão

MUITOS LIVROS JÁ foram escritos com fórmulas e dicas para viver de maneira mais feliz. Mas, apesar de uma boa quantidade deles ter virado *best-seller*, em pouco tempo grande parte saiu de circulação. As pessoas correm ansiosas de uma estratégia para outra, em almeja de alguma descoberta que dê significado a sua existência e transforme um cotidiano árido em vida abundante.

Ao longo dos anos, li com atenção muitos títulos que oferecem esse tipo de receita. Gostei e pus em prática algumas ideias, mas o resultado sempre ficou aquém do prometido. A partir do desejo de descobrir lições que pudessem produzir resultados duradouros, abri as páginas do livro mais vendido em toda a história da humanidade: a Bíblia.

Foi também a primeira obra a ser impressa, graças aos esforços do inventor e gráfico alemão Johannes Gutenberg, que trabalhou de 1450 a 1455 para ver concluído o primeiro exemplar.

Um dos textos mais conhecidos das Escrituras, os Dez Mandamentos, é também um dos mais criticados, desobedecidos, mal compreendidos e misteriosos instrumentos do amor de Deus. E é com base neles que quero sugerir caminhos para uma vida melhor.

Com essa finalidade, convido você a analisar e refletir sobre os Dez Mandamentos, mas sob uma visão diferente — que não é a mais habitual. Muitas vezes, ao longo dos séculos, a religião tradicional e o Estado usaram o Decálogo, como também é conhecido esse código de leis, como forma de controle e não como instrumento de libertação e crescimento pessoal. Só que esse mau uso não suprime as virtudes do texto. E o convite é para caminharmos em almeja desses valores. Pois é fato histórico que muitos representantes e integrantes da Igreja, bons e piedosos, usaram, ao longo dos séculos, os Dez Mandamentos como demonstração carinhosa do amor de Deus. Poderíamos citar, entre os exemplos mais conhecidos, Francisco de Assis, Thomas-à-Kempis, Teresa D'Ávila, João da Cruz e John Bunyan, entre outros.

À primeira vista, tem-se a impressão de que os mandamentos são meras regras e proibições. Elas revelariam um Deus implacável que, paradoxalmente, também se apresenta como fonte de graça e misericórdia. Creio que o problema não está no texto, mas nas lentes que usamos para examinar cada um desses dez pontos, registrados naquele que é chamado de "o Livro dos livros". Minha recomendação é que você abra o coração para descobrir novos significados e escutar a doce voz daquele que nos criou para viver uma vida repleta de significado daqui até a eternidade!

Se você não conhece em profundidade a origem do Decálogo, permita-me fazer um breve relato das circunstâncias em que ele foi criado. Estima-se que por volta de 1600 a 1500 a.c. o povo hebreu — descendente de um homem chamado Abraão pela linhagem de seu filho Isaque — foi viver no Egito, quando o patriarca José tornou-se governador desse país sob as ordens do faraó. Os israelitas se multiplicaram, quatro séculos transcorreram e, receoso de que aquele grande povo se organizasse e se levantasse contra seu reino, um novo faraó mandou escravizá-los. Foi um longo período de opressão no Egito. Segundo o relato das Escrituras, "quanto mais eram oprimidos, mais numerosos se tornavam e se espalhavam" (Êx 1.12). Entre outras obras, naquele período os hebreus construíram cidades como Pitom e Ramessés, no lado oriental do rio Nilo.

Como as jornadas extenuantes e a opressão não foram capazes de diminuir a multiplicação dos israelitas, o líder egípcio optou por uma medida radical: todos os bebês hebreus do sexo masculino deveriam ser lançados ao Nilo para morrer. Nesse contexto, nasceu o filho de uma hebreia, que, para salvá-lo da morte, elaborou um plano: pôs o menino num cesto e o deixou entre juncos, no rio, para alguém encontrá-lo. Ele acabou sendo descoberto justamente pela filha do faraó, que o adotou e criou como príncipe dentro do palácio. A princesa deu a ele o nome de Moisés, cujo significado é "salvo das águas".

Aos 40 anos, o príncipe do Egito cometeu um crime e fugiu para as montanhas, ao leste do Golfo de Acaba (baía que separa a atual Arábia Saudita da península do Sinai). Durante cerca de quarenta anos, Moisés pastoreou rebanhos na região, até o momento em que recebeu uma ordem divina para retornar ao seu país de origem e liderar a libertação do povo de Israel da escravidão.

É interessante notar que, enquanto alguns se tornam reféns do passado, sofrendo e remoendo as consequências de acontecimentos desagradáveis, Deus tem uma espécie de borracha perdoadora, que apaga não apenas as faltas como também a culpa. Naquele momento, o assassino fugitivo estava sendo preparado para protagonizar eventos que mudariam a história de seu povo. Quando somos perdoados, nossos olhos devem fitar o futuro que nos aguarda e não ficar remoendo o que passou.

Moisés voltou para o Egito e iniciou uma série de disputas com faraó. Somente após as famosas dez pragas, o coração duro do monarca finalmente cedeu. O povo saiu do Egito e permaneceu mais quarenta anos peregrinando pelo deserto, em direção à chamada terra prometida, localizada em Canaã (região que corresponde hoje ao Estado de Israel, Cisjordânia, a Jordânia ocidental, o sul da Síria e o sul do Líbano).

Durante esse período no deserto, os israelitas começaram a reclamar de sede e fome. Chegaram até mesmo a manifestar saudade dos tempos de escravidão. Se nossa visão se concentra apenas nos problemas cotidianos, provavelmente teremos dificuldades de compreender que há algo maior e melhor a caminho. Como diz a poesia *Tabacaria*, de Álvaro de Campos (heterônimo de Fernando Pessoa): "Fiz de mim o que não soube e o que podia fazer de mim não o fiz".

O fato é que muitas pessoas precisam passar por um processo de mudança, por um "deserto", um "mar" ou uma "grande peregrinação" para deixar qualquer forma de escravidão que as assole. Com frequência, antes de chegar à "terra prometida" é preciso encarar um deserto. O povo de Israel teve de viver esse desafio. Quando chegou ao Monte Sinai, montou acampamento. Enquanto isso, Moisés subiu até o cume, onde recebeu de Deus um conjunto de leis, escrito em tábuas de pedra: os Dez Mandamentos. Segundo estudiosos, uma tradução mais precisa da expressão no hebraico que se refere a eles seria *Decálogo*, cujo significado é *dez palavras* (ou *dez falas*).

Como Moisés demorava a descer, os hebreus pediram que o irmão dele, Arão, providenciasse um novo deus para cuidar do povo, já que o último parecia, aos seus olhos, não estar mais interessado. Recolheram metais preciosos e fizeram um bezerro de ouro para adorar. Naturalmente, quando Moisés voltou com as tábuas da Lei e viu tudo isso, ficou tão irritado que as quebrou. Para resumir a história, o líder teve de tornar a subir e, dessa vez, Deus dita aquilo que tinha a dizer.

Muito antes de se implantar o modelo de relação jurídica baseado no direito romano, que são os fundamentos do Direito moderno, o povo hebreu viveu sob um conjunto de leis escritas em cinco livros, chamado de Pentateuco: Gênesis, Êxodo, Levítico, Números e Deuteronômio. Eles compõem a Torá judaica e os primeiros livros da Bíblia cristã.

Além de relatos históricos, apresenta um total de 613 mandamentos, sendo 248 deles positivos (do tipo "o que farás") e 365 negativos ("o que não farás"). Esse conjunto de leis dado por Deus a Moisés era necessário para a organização social, religiosa, cultural e política de seu povo que, embora numeroso, só agora passava a ter um *status* de nação, depois de um longo período sob o domínio egípcio.

Surge, então, uma dúvida legítima: qual seria a diferença de viver como escravo e passar a viver debaixo de uma lei aparentemente severa e punitiva? Diz o ditado popular que "o que foi combinado não é caro". A leitura do capítulo 19 de Êxodo revela que Deus não chegou para seu povo e simplesmente ditou regras. Três meses depois de saírem do Egito, já no deserto do Sinai, Deus chamou Moisés e pediu que transmitisse aos israelitas seu desejo de estabelecer um pacto, uma aliança, fazendo de Israel seu "tesouro pessoal", um "reino de sacerdotes", uma "nação santa". Para que isso se concretizasse, o Criador expôs apenas uma condição: obediência.

Ao ouvir essa proposta, o povo poderia ter desistido. Mas a resposta foi corajosa e eloquente: "O povo todo respondeu unânime: 'Faremos tudo o que o SENHOR ordenou'. E Moisés levou ao SENHOR a resposta do povo" (Êx 19.8). Em seguida, Deus transmitiu os Dez Mandamentos. Na sequência, ditou um longo conjunto de diretrizes morais, religiosas e sociais, terminando com uma promessa de proteção.

Deus prepara duas tábuas de pedra, o contrato escrito da aliança com seu povo, "escritas em ambos os lados, frente e verso [...] por Deus" (Êx 32.15-16). Pouco tempo depois, como já disse, essas tábuas foram quebradas por Moisés quando ele desceu do monte e viu que o povo já havia falhado em seu compromisso firmado e adorado o bezerro de ouro. Mas a misericórdia e o amor de Deus fizeram que renovasse seu pacto.

A fidelidade divina já tinha sido demonstrada na prática. O Senhor prometeu libertar seu povo da opressão egípcia e cumpriu sua parte, foi fiel à sua promessa. Agora era a vez de os hebreus se comprometerem e fazerem uma aliança com o Senhor, para que vivessem de forma harmônica, se permanecesse dentro da vontade divina.

Os séculos se passam e, mais de mil anos depois de Moisés, surge um novo libertador em meio ao povo hebreu. Nascido na cidade de Belém, um homem chamado Jesus é criado por um carpinteiro em Nazaré e inicia seu ministério aos 30 anos. Ele viaja pela região de Israel, ensina para multidões, opera milagres e atrai massas de discípulos, o que começa a preocupar muitos, em especial representantes do poder religioso judaico. Entre eles destacavam-se os saduceus, seita de grande poder econômico — da qual participavam sacerdotes conservadores de alta linhagem —, e os fariseus, grupo que se gabava pelo respeito à Torá. Os fariseus também criaram uma lei oral e instituíram as sinagogas. Um fariseu famoso foi Saulo de Tarso, também conhecido como o apóstolo Paulo (ou São Paulo, para os católicos).

No que tange aos Dez Mandamentos, é interessante observar que Jesus os valida e ratifica. Isso mostra que, independentemente do que se creia, a importância dos preceitos presentes no Decálogo não ficou restrita especificamente ao povo hebreu ou à época de Moisés. Porque, séculos depois, o próprio Cristo disse:

> Não pensem que vim abolir a Lei ou os Profetas; não vim abolir, mas cumprir. Digo-lhes a verdade: Enquanto existirem céus e terra, de forma alguma desaparecerá da Lei a menor letra ou o menor traço, até que tudo se cumpra. Todo aquele que desobedecer a um desses mandamentos, ainda que dos menores, e ensinar os outros a fazerem o mesmo, será chamado menor no Reino dos céus; mas todo aquele que praticar e ensinar estes mandamentos será chamado grande no Reino dos céus.
>
> Mateus 5.17-19

Repare que Jesus não diz que é suficiente obedecermos à maioria dos mandamentos. Ele propõe que vençamos o jogo sem levar um gol sequer. Não quer que evitemos apenas este ou aquele pecado. E aqui cabe uma explicação: *pecado*, do ponto de vista bíblico, significa a desobediência a um dos mandamentos, por palavras, atos ou omissões. Mesmo sendo pródigo em amor e aceitação, Cristo não abriu exceções nem aliviou nossas responsabilidades. Ele falou para obedecermos à totalidade dos mandamentos, ressaltando que basta desobedecer um deles e já estaremos em pecado.

Quem será capaz de sobreviver a um Deus tão exigente e a um profeta que se apresentou como seu Filho e também proferiu a mesma sentença?

Os que preferiam que os Dez Mandamentos tivessem ficado esquecidos no Antigo Testamento enfrentam um grande problema aqui, pois Jesus renovou a força da lei, reafirmando que ela continua "em vigor" e que seria um padrão de comportamento e de fé. Em outro momento, ele chegou a dizer que "vocês serão meus amigos se fizerem o que eu mando". Assim, para sermos verdadeiros amigos de Jesus, uma das atitudes que devemos ter é obedecer aos mandamentos. Essas palavras parecem duras, mas fazem sentido, quando se entende que a amizade é viável em maior ou menor escala dependendo da sincronia de valores entre duas pessoas. Portanto, quer gostemos deles ou não, os Dez Mandamentos vieram para ficar. Continuam valendo, ainda hoje, em pleno terceiro milênio da era cristã, na contagem do tempo feita pelos povos do Ocidente.

Acredito que a melhor interpretação dos Dez Mandamentos está na visão de Jesus, exposta no Sermão do Monte: eles precisam entrar em nossos corações. O teólogo John Stott escreveu o seguinte:

> Não pode haver dúvida de que o Sermão do Monte tem, sobre muitas pessoas, o primeiro efeito já notado. Quando o leem, ficam desesperadas. Veem nele um ideal inatingível. Como poderiam desenvolver esta justiça de coração, voltar a outra face, amar os seus inimigos? É impossível! Exatamente! Neste sentido, o Sermão é "Moisíssimo Moisés" (expressão de Lutero); "é Moisés quadruplicado, é Moisés multiplicado ao mais alto grau", porque é uma lei de justiça interior a que nenhum filho de Adão jamais pode obedecer. Portanto, apenas nos condena e torna indispensável o perdão de Cristo. Não poderíamos dizer que esta é uma parte do propósito do Sermão? É verdade que Jesus não o disse explicitamente, embora esteja na primeira bem-aventurança, como já mencionamos. Mas a implicação está em toda a nova lei exatamente como na antiga.[1]

Moisés falou para não matar, Jesus disse para respeitar até a autoestima. Moisés falou para não adulterar, Jesus disse para nem pensar nisso. Jesus disse para fazer as pazes com o irmão antes de levar a oferta. Para ter palavra em vez de jurar. Oferecer a face esquerda a quem nos bater na direita. Não se desviar de quem vem pedir um empréstimo. Amar os inimigos. Bendizer quem nos maldiz. Orar e fazer nossas caridades de forma secreta. Perdoar antes de desejar ser perdoado. E assim por diante. Logo, Lutero tinha razão ao chamá-lo "Moisíssimo Moisés".

Em vez de apenas dar ordens mais difíceis, Jesus deu também o caminho para realizar isso: o arrependimento, uma total mudança da mente, da atitude, do coração. Ao propor a missão mais difícil, logrou apresentar igualmente a solução mais simples. Com isso, o que seria absolutamente impraticável para quem vive apenas o exterior torna-se, sob certo aspecto, fácil. Praticar os Dez Mandamentos é possível ou um ideal inatingível? Entendemos que, a partir da aceitação de Jesus, da atuação do Espírito Santo e do desenvolvimento de um novo caráter, é perfeitamente possível que seus seguidores consigam praticar essa nova ética. Se você não crê em Jesus, este estudo é apenas um estudo. Portanto, fique bem à vontade para descobrir se vale a pena ou não seguir os Dez Mandamentos. Mas, se crê em Jesus, o assunto é bem mais sério, pois Cristo não deu margem para escolha: você *precisa* seguir os Dez Mandamentos. Para quem quiser, por qualquer razão (religiosa, filosófica ou intelectual) seguir o Decálogo, vale citar o que disse Leonard Felder, professor de Psicologia da Universidade do Canyon, em Ohio, Estados Unidos. Felder chegou a dizer que a alcunha *os Dez Mandamentos* talvez fosse inadequada e deveria ser mudada para *as dez coisas mais difíceis que tentamos fazer na vida*. Para reforçar a ideia, ele cita exemplos que tantos sacrifícios nos custam, justamente por serem tentações rotineiras: honrar os pais, fugir do adultério, não invejar o que os outros têm e por aí vai. Quem nunca cobiçou os bens de outra pessoa que atire a primeira pedra ou apresente algum argumento contra a tese de que essa lista de dez preceitos é difícil de se cumprir!

Ao reafirmar a importância dos Dez Mandamentos e dizer que não estava revogando a lei mosaica, Jesus trouxe um desafio antigo e um novo para os que desejam viver segundo as crenças do judaísmo ou do cristianismo. O antigo seria o de cumprir o Decálogo. O novo é harmonizar as regras ancestrais a uma nova abordagem dos mandamentos. É importante atentar para as palavras do carpinteiro de Nazaré sobre o assunto. Trata-se de um trecho longo, que deve ser lido com atenção a cada nuance:

"Vocês ouviram o que foi dito aos seus antepassados: 'Não matarás', e 'quem matar estará sujeito a julgamento'. Mas eu lhes digo que qualquer que se irar contra seu irmão estará sujeito a julgamento. Também, qualquer que disser a seu irmão: 'Racá', será levado ao tribunal. E qualquer que disser: 'Louco!', corre o risco de ir para o fogo do inferno.

"Portanto, se você estiver apresentando sua oferta diante do altar e ali se lembrar de que seu irmão tem algo contra você, deixe sua oferta ali, diante do altar, e vá primeiro reconciliar-se com seu irmão; depois volte e apresente sua oferta.

"Entre em acordo depressa com seu adversário que pretende levá-lo ao tribunal. Faça isso enquanto ainda estiver com ele a caminho, pois, caso contrário, ele poderá entregá-lo ao juiz, e o juiz ao guarda, e você poderá ser jogado na prisão. Eu lhe garanto que você não sairá de lá enquanto não pagar o último centavo.

"Vocês ouviram o que foi dito: 'Não adulterarás'. Mas eu lhes digo: Qualquer que olhar para uma mulher e desejá-la, já cometeu adultério com ela no seu coração. Se o seu olho direito o fizer pecar, arranque-o e lance-o fora. É melhor perder uma parte do seu corpo do que ser todo ele lançado no inferno. E se a sua mão direita o fizer pecar, corte-a e lance-a fora. É melhor perder uma parte do seu corpo do que ir todo ele para o inferno.

"Foi dito: 'Aquele que se divorciar de sua mulher deverá dar-lhe certidão de divórcio'. Mas eu lhes digo que todo aquele que se divorciar de sua mulher, exceto por imoralidade sexual, faz que ela se torne adúltera, e quem se casar com a mulher divorciada estará cometendo adultério.

"Vocês também ouviram o que foi dito aos seus antepassados: 'Não jure falsamente, mas cumpra os juramentos que você fez diante do Senhor'. Mas eu lhes digo: Não jurem de forma alguma: nem pelos céus, porque é o trono de Deus; nem pela terra, porque é o estrado de seus pés; nem por Jerusalém, porque é a cidade do grande Rei. E não jure pela sua cabeça, pois você não pode tornar branco ou preto nem um fio de cabelo. Seja o seu 'sim', 'sim', e o seu 'não', 'não'; o que passar disso vem do Maligno.

"Vocês ouviram o que foi dito: 'Olho por olho e dente por dente'. Mas eu lhes digo: Não resistam ao perverso. Se alguém o ferir na face direita, ofereça-lhe também a outra. E se alguém quiser processá-lo e tirar-lhe a túnica, deixe que leve também a capa. Se alguém o forçar a caminhar com ele uma milha, vá com ele duas. Dê a quem lhe pede, e não volte as costas àquele que deseja pedir-lhe algo emprestado.

"Vocês ouviram o que foi dito: 'Ame o seu próximo e odeie o seu inimigo'. Mas eu lhes digo: Amem os seus inimigos e orem por aqueles que os perseguem, para que vocês venham a ser filhos de seu Pai que está nos céus. Porque ele faz raiar o seu sol sobre maus e bons e derrama chuva sobre justos e injustos. Se vocês amarem aqueles que os amam, que recompensa vocês receberão? Até os publicanos fazem isso! E se saudarem apenas os seus irmãos, o que estarão fazendo de mais? Até os pagãos fazem isso! Portanto, sejam perfeitos como perfeito é o Pai celestial de vocês."

Mateus 5.21-48

Assim, Jesus não só manteve os Dez Mandamentos, como trouxe novos desafios para seus discípulos: eles deveriam seguir não apenas as normas da lei, mas também novas regras, baseadas no amor, na tolerância e na simplicidade. Não é um desafio de mero comportamento externo, mas de mudança de valores pessoais, internos.

Quando lemos o relato da Bíblia desde a história de Moisés até Jesus percebemos algo interessante: enquanto o povo de Deus seguia os mandamentos, tudo corria bem. Mas sempre que se desviava dos preceitos da lei, sofriam as consequências. Muitos acreditam que a mão divina pesava sobre os israelitas, castigando-os por desobedecer a suas ordens. Será que era isso o que acontecia?

Antes de tentar compreender melhor esse fenômeno, deixemos essa pergunta em aberto e nos lembremos um pouco de outro código de leis, que impera sobre religiosos ou não, sobre homens e animais; enfim, sobre todo ser que existe na face da Terra: as leis da natureza. Por exemplo, você pode não conhecer nada sobre a lei da gravitação universal, mas deve saber que, se jogar algum objeto de certa altura, a tendência não é ele levitar, mas cair até o chão. E, quanto mais alto, maior será o dano quando chegar ao solo.

Se uma criança está em uma árvore e o pai lhe diz para não pular, talvez ela o considere autoritário e castrador. É possível que pule. E, se pular e se machucar, de repente vai acreditar que seus ferimentos são uma punição da parte do pai. Isso seria razoável? A Bíblia, por exemplo, diz que "quem tenta enriquecer-se depressa não ficará sem castigo" (Pv 28.20). Mas será que Deus manda raios, pestes e incêndios para punir essas pessoas? Ou será que a punição é apenas o desenrolar natural das escolhas e dos caminhos errados e tortuosos que quem se apressa em enriquecer acaba trilhando? Ou será que ocorrem os dois? Outra reflexão: você pode não entender como funciona o fenômeno da combustão, mas aprende — por meio de um processo doloroso — que, se puser a mão em cima da chama do fogão, vai se queimar. As leis da natureza não podem ser desobedecidas impunemente. Sempre que não são cumpridas causam algum tipo de dano. De igual modo, eu diria que os Dez Mandamentos também não devem ser desobedecidos, sob pena de algum resultado negativo. Não um resultado provocado por um Deus furioso e vingativo, mas a consequência natural das condutas adotadas pela pessoa. Por exemplo, se você furtar, pode ser preso. Se adulterar, pode pegar uma doença... mas isso não tem necessariamente a ver com castigo divino, é uma consequência dos fatos.

Mesmo que a ciência não consiga dar explicações absolutas para todas, as leis da natureza não deixam de existir e de regular todo o universo — desde a queda da maçã de uma árvore até o movimento dos planetas em torno do Sol. Quando o homem desrespeita uma dessas regras, o caos começa a se instalar.

Por exemplo, um dos desrespeitos mais frequentes ao equilíbrio da natureza é a poluição. Quando jogamos pneus nos rios ou os enchemos de detritos, a consequência é a morte dos seres vivos daquele ecossistema e, finalmente, o prejuízo é estendido aos seres humanos. Em São Paulo, o rio Tietê (que, curiosamente, quer dizer "água boa", em tupi-guarani) tem mais de 1.100 quilômetros de extensão e foi responsável pela expansão de muitas cidades do estado. Há bem pouco tempo, ainda na década de 1940, mulheres utilizavam as águas limpas do Tietê para lavar roupas. Ali, também, famílias se reuniam para fazer piqueniques, nadar, pescar e assistir a competições de esportes aquáticos — tanto que foram criados diversos clubes de regatas às margens do rio. Já na década de 1950, o trecho da capital paulista passou a ser conhecido como "esgoto a céu aberto". A contaminação impossibilitou qualquer disputa esportiva em suas águas e afastou definitivamente as famílias de seu entorno. Hoje, o nível de oxigênio livre na água é considerado zero. O homem passou anos e anos desrespeitando a natureza e poluindo o rio. As novas gerações têm recebido a punição, ao conviver com um Tietê malcheiroso e que prejudica esteticamente a cidade.

A interferência na natureza traz consequências graves e inadiáveis. Poderia listar aqui dezenas de atitudes que os homens têm tomado e que afetam negativamente a si mesmos, à fauna e à flora. Esses exemplos espelham as consequências da falta de observância dos Dez Mandamentos. Não necessariamente o que se colhe de uma transgressão é fruto de uma ação direta e punitiva de Deus, mas sim um resultado natural de uma atitude que desrespeita a harmonia das coisas.

Vamos exemplificar. Se eu desejo conquistar a esposa de um amigo, permito que esse desejo se torne cobiça, entrego-me aos meus instintos, passo a seduzi-la e, finalmente, a atraio para mim, não é preciso que me sobrevenha necessariamente nenhum tipo de castigo sobrenatural. Minha consciência pesará. Pelo menos um lar será destruído (ou dois, se eu for casado). Certamente, perderei um amigo. E esse outro homem perderá a confiança naquela a quem prometeu fidelidade até o fim da vida. Eu também corro o risco de passar a nutrir desconfiança em relação às mulheres, pondo-as todas no mesmo nível. Isso para não citar a hipótese de crimes, depressão e outros males que todo esse episódio pode ensejar.

Em nenhum desses momentos vejo a mão de Deus pesando sobre nossa vida. A consequência lógica da desobediência é uma vida de medo, desconfiança e falta de amor. Em última instância, tudo provocado por nós mesmos. Esse preceito foi lembrado por Jesus e também é conhecido como "lei da semeadura". Examine as sementes que você tem plantado. Certamente vai colher o que semear, e de forma multiplicada, em sua vida hoje. É justamente sobre a atualidade dos mandamentos para nós que tratarei no próximo capítulo.

PARA SABER MAIS

Quando os pais permitem que os filhos, por menores que sejam, façam tudo o que desejam, não estão lhes ensinando noções de limites individuais e relacionais, não estão lhes passando noções do que podem ou não podem fazer. Os pais usam diversos argumentos para isso: "Não sabem o que estão fazendo"; "são muito pequenos para aprender"; "vamos ensinar quando forem maiores"; "sabemos que não devemos deixar... mas é tão engraçadinho" etc.

É preciso lembrar que uma criança, quando faz algo pela primeira vez, sempre olha em volta para ver se agradou alguém. Se agradou, repete o comportamento, pois entende que agrado é aprovação, e ela ainda não tem condições de avaliar a adequação do seu gesto.

Içami Tiba, em *Disciplina na medica certa*

CAPÍTULO 2
A atualidade dos Dez Mandamentos

O segredo da felicidade é a liberdade. O segredo da liberdade é a coragem.

Tulcídides, historiador grego

AMAR, RESPEITAR, PRESERVAR a vida, manter a integridade: a essência de cada um dos Dez Mandamentos abrange questões de importância vital. Enquanto muitos pensam a respeito de quanto o Decálogo torna a vida mais pesada, proponho a reformulação da pergunta: será que os Dez Mandamentos podem ajudar a acabar com as ansiedades do cotidiano?

É interessante observar que a palavra *lei* pode ser traduzida tanto como "aquilo que se lê" (*legare*) quanto como "aquilo que liga" (*ligare*). Assim, podemos entender que as leis ditadas por Deus seriam o elo de compromisso entre ele e seu povo. Essas normas formam um conjunto de preceitos que, se seguidos, podem gerar uma vida saudável, equilibrada e amigável, não só com o Senhor, mas com todos aqueles com quem vivemos. Foram criadas para espelhar a santidade de Deus, mas também para beneficiar quem as pratica. Nesse sentido, foram, são e serão sempre atuais.

Cada família tem suas regras, suas leis. Geralmente, elas não são escritas, porém cada integrante deve ter ciência delas para que o convívio seja harmonioso. Quando os pactos familiares são desrespeitados, é inevitável o início de desavenças. Se não forem remediadas, podem levar até mesmo a uma ruptura. Deixar uma simples toalha molhada em cima da cama ou chegar em casa mais tarde do que o combinado pode provocar atritos. Não importa o tamanho da falha ou seu grau de relevância. Quando os alicerces de uma aliança começam a ser rompidos, a dor e o afastamento se tornam inevitáveis.

Embora a palavra *lei* pareça ter uma conotação negativa, ninguém pode deixar de concordar que regras são importantes, seja na família, seja na sociedade. Basta lembrar conquistas recentes da legislação brasileira, como o Código do Consumidor ou a Lei Maria da Penha (que ampara as mulheres), além dos próprios códigos civil e penal. Minha experiência mostra que as pessoas em geral só reclamam das leis que não as protegem. Por isso, concordo com o senador Jefferson Peres, que disse: "Ética é ser contra a injustiça, mesmo quando ela nos beneficia, e a favor da justiça, mesmo quando ela nos prejudica". Filósofo, advogado e político romano, Cícero resumiu com propriedade a importância da legislação: "A lei é inteligência e sua função natural é impor o procedimento correto e proibir a má ação". O papa João 23 alertou que "na luta entre o fraco e o forte, é a lei que liberta e a liberdade que mata".

E essa lei dada por Moisés, essas ordenanças? Será que os Dez Mandamentos são realmente tão impositivos? Qual terá sido a intenção de Deus ao oferecer essa dádiva — e é, sim, acredite! — aos seus filhos, criados à sua imagem e semelhança? Quando alguém lê o Decálogo, percebe que está diante de ordens muito sérias e cujo desrespeito gera problemas graves. Afinal, as limitações são bem claras. Durante muito tempo, essa leitura me causava uma sensação bem desagradável, de pura frustração. É uma lista de (quase) tudo o que não conseguimos fazer. Essas dez ordens ficam, como um letreiro luminoso, piscando eternamente, para nos lembrar que pecamos, que estamos sempre em dívida.

Pior ainda é quando se descobre que basta desrespeitar um dos Dez Mandamentos para que a pessoa se torne transgressora de todos os dez ("Pois quem obedece a toda a Lei, mas tropeça em apenas um ponto, torna-se culpado de quebrá-la inteiramente" [Tg 2.10]). Assim, embora cumprir nove deles seja honroso, desrespeitar apenas um já nos transforma em pecadores. A sensação é que estamos diante de uma batalha impossível de ser vencida. Pois, vamos convir, quem teria condições de cumprir todos os Dez Mandamentos?

Nas igrejas de tradição católica romana, em que se segue o ritual da confissão auricular, ensinam-se os Dez Mandamentos, que devem ser memorizados e servirão de base para um exame de consciência. Se o fiel sentir que transgrediu algum dos itens, deverá se confessar e, dependendo da igreja que frequentar, receberá uma penitência.

Assim, muitos fiéis ou pessoas que abandonaram a igreja por algum motivo veem o Decálogo como um elemento que restringe sua liberdade de agir e pensar. E não são poucos aqueles que permanecem em um estado de paranoia, perdendo a noção do limite entre o que é pecado e o que não é. Isso para não falar dos que criticam Deus, dizendo que não pode ser amoroso alguém que dá tantas proibições e, segundo algumas tradições cristãs que acreditam na salvação pelas obras, promete o inferno a quem não obedecer. Não desejo discutir aqui essa questão. Prefiro no momento apenas caminhar para entendermos melhor os mandamentos.

Infelizmente, aqueles que se tornaram adultos com uma noção opressora da lei divina possivelmente reproduzirão nas gerações seguintes um modelo semelhante — se não pior —, com a imagem de um Deus perverso, intrusivo, autoritário, distante e punitivo. Se os mandamentos são úteis, as novas gerações serão privadas disso. Em vez de um guia para uma vida mais harmônica com Deus e os homens, a lei torna-se uma lista de ameaças e restrições que, se você for sincero, dirá que são impossíveis de ser seguidas ao pé da letra. O próprio apóstolo Paulo reconheceu essa realidade: "Não há nenhum justo, nem um sequer" (Rm 3.10).

Confesso que nunca vi os Dez Mandamentos com simpatia, justamente pela enorme quantidade de "não". Uma proibição depois da outra. O texto passa a ideia de um Deus implacável, já que ele é o autor daquelas indicações. São muitos "não", principalmente para o mundo moderno, nesta sociedade em que tudo parece permitido (e até recomendável, segundo alguns). Quem não ouviu, uma vez na vida, que devia ter menos escrúpulos, porque senão jamais alcançaria o sucesso? A ordem é ter liberdade absoluta. Como se dizia há algumas décadas, "é proibido proibir".

E, exatamente nesse meio, surgem duas tábuas com dez ordens que, a rigor, limitam nossa liberdade e impedem que escolhamos determinados caminhos. Só para dar um exemplo: quantos cônjuges já não disseram que não há nada de mais em "pular a cerca" de vez em quando, desde que não seja descoberto? Ou como resistir a toda a propaganda na TV e nas revistas, sempre nos levando a desejar mais, cobiçar algo que não temos e sentir um certo desconforto por outra pessoa ter mais beleza, luxo, dinheiro ou poder do que nós?

Enfim, à primeira vista os Dez Mandamentos são um texto castrador, antipático e fora de moda. Quem não acredita em Deus ou não é religioso certamente vai afirmar que são normas ultrapassadas, sem lugar na sociedade pluralista, cosmopolita e liberal deste milênio. Independentemente de religião, porém, todos concordam que o mundo seria um lugar bem diferente se os preceitos "não assassinar" e "não furtar" fossem observados em todos os lugares. Todos concordam que separar um dia para o descanso é o melhor para a saúde, a comunhão familiar e mesmo para a produtividade da empresa.

Uma rápida espiada nas notícias de quaisquer jornais é suficiente para constatar que enfrentamos, em todo o planeta, uma cada vez maior desvalorização da vida e perda do respeito por si e pelo próximo. Isso está presente, por exemplo, na lista de crimes hediondos, na corrupção, na má distribuição de renda, na desigualdade social e na proliferação da cultura do medo.

Nas grandes metrópoles, vivemos cercados, andamos desconfiados, pagamos seguro de vida, enchemos a casa de grades nas janelas e blindamos o carro. O medo é o grande mal do século, ao lado — e, muitas vezes, causando — do estresse, da depressão e da cada vez mais comum síndrome do pânico. No meio desse caos, os Dez Mandamentos despontam como uma grande solução.

Confesso que, até um passado recente, eu mesmo preferia que o Decálogo não estivesse na Bíblia. Pois acreditava que, sem ele, eu sofreria menos. Afinal, aqueles dez tópicos denunciavam minhas fraquezas o tempo todo. E isso ocorre com muitos cristãos e judeus que veem as ordenanças divinas como um cabresto. Faça um teste: experimente perguntar em um recinto repleto de fiéis de uma dessas religiões quem acha que os Dez Mandamentos são antipáticos. Se forem realmente sinceros, acredito que quase todos concordariam. Alguns vacilariam, a meu ver, por uma sensação de culpa caso manifestassem que consideram autoritário um texto divino. E se Deus ficar ofendido com a crítica aos mandamentos que ditou? E se for me punir por essa crítica ousada?

Em todo o Antigo Testamento, os reis e profetas de Israel sempre foram lembrados — e lembraram o povo — que seguir os Dez Mandamentos era um dever. A obediência seria recompensada e a desobediência, punida. Contudo, parece que a memória dos israelitas era extremamente curta. Como já vimos, antes mesmo de a aliança ser firmada, o povo construiu um bezerro de ouro. Esse ato de fraqueza quase resultou no extermínio da nação. Mas a intervenção de Moisés e a misericórdia do Senhor proporcionaram uma nova chance.

Fico pensando nas grandes maravilhas que aqueles homens e mulheres desobedientes presenciaram. Não leram nas páginas de jornais ou assistiram na televisão. Todo o povo foi testemunha ocular das dez pragas. Depois, durante a saída do Egito, o poder de Deus manifestou-se novamente de forma sobrenatural, abrindo as águas do mar Vermelho para que passassem ilesos (e secos!) até a outra margem. Aconteceram fatos extraordinários entre a travessia do mar Vermelho e o recebimento do Decálogo por Moisés, sempre após reclamações constantes do povo:

em Mara, águas amargas tornam-se potáveis, para saciar a sede (Êx 15.22-27). Em Elim, caem do céu o maná (espécie de pão de mel) e codornizes para saciar a fome (Êx 16.1-36). Em Refidim, sai água da rocha, no local que ficou conhecido como Meribá (Êx 17.1-7). Mesmo sem poderio ou estratégia militar, os israelitas vencem o exército dos amalequitas (Êx 17.8-16).

Todos esses eventos extraordinários e sobrenaturais aconteceram em um período de cerca de três meses! Por isso fico assustado. Se o povo de Israel assistiu a milagres e prodígios ao vivo e, mesmo assim, vivia reclamando e errando, quais serão as chances de você e eu, que cremos nesses relatos pela fé, seguirmos fielmente os Dez Mandamentos?

Penso que o primeiro passo seja, de fato, admitir que eles são difíceis de se lidar, talvez antipáticos, talvez duros, mas certamente confirmados em toda a história do povo hebreu como ações que o próprio Deus julgara importante. Em segundo lugar, quando não consideramos o Decálogo um conjunto de leis castradoras, mas ordenanças que, se obedecidas, vão gerar uma vida melhor, acredito que essa nova concepção nos ajudará a fazer de cada um deles alvos a serem alcançados, e não barreiras que nos impedem de seguir em frente. E, sob esse prisma, uma expressão do cuidado de Deus para com seus filhos.

É sempre importante termos em mente o que disse o pensador reformado Francis Schaeffer: "Não chegamos à verdadeira espiritualidade, ou à verdadeira vida cristã, só pelo caminho de estar observando uma lista, mas também não é meramente rejeitando a lista, dando de ombros, e vivendo uma vida mais solta".[1]

Os Dez Mandamentos representam inegavelmente uma sabedoria superior. Tanto que religiões não cristãs nem judaicas possuem valores que encontram paralelo no Decálogo. Ao olhar outras tradições religiosas, como o hinduísmo, o islamismo e o budismo, por exemplo, é possível encontrar referências muito semelhantes aos Dez Mandamentos. Até mesmo em textos laicos, sem nenhuma relação com religiões, a sabedoria proposta nos Dez Mandamentos está presente. Criticar, assim, o Decálogo é criticar também realidades apregoadas por diferentes crenças espirituais e por filósofos e pensadores seculares.

Não se pode negar que, mesmo não acreditando no que está escrito na Bíblia e relegando suas orientações a um plano secundário, é um texto que sobreviveu aos séculos. Em sua essência, ali está toda a base da tradição judaico-cristã. O próprio budismo, que segue outra linha de raciocínio, trabalha com os cinco preceitos do comportamento correto: "Não furtar, não matar, não mentir, não usar alucinógenos nem álcool, não render-se à lascívia". É impossível ignorar a semelhança.

A meu ver, a maioria dos ocidentais até gostaria de seguir as orientações divinas contidas no Decálogo, mas tem sérias dúvidas sobre se essas ordenanças funcionam no mundo real, fora da igreja, no dia a dia da empresa, da universidade ou na rua. Por isso, segue fazendo aquilo que acredita ser necessário para "achar seu lugar ao sol". Uma pesquisa realizada pelo professor e mestre em Gestão de Negócios Marcelo Peruzzo a respeito dos Dez Mandamentos exemplifica esse aspecto da questão. Ele ouviu quatrocentos executivos sobre o que pensavam do Decálogo e sua aplicação na vida profissional. Os resultados:

- 45% dos entrevistados fariam de tudo para ganhar o mercado, mesmo que para isso precisassem destruir os concorrentes (até matar).
- 64% estavam dispostos a se valer do falso testemunho, da fofoca e da mentira (dentro e fora da companhia) para alcançar seus objetivos.
- 37% estavam abertos a praticar o adultério dentro da empresa.
- 71% acreditavam nas regras divinas, mas a maior parte não as cumpria.

Esses dados nos permitem concluir que esses profissionais até acreditam em Deus e acham suas regras válidas, mas simplesmente não creem que, ao segui-las, terão todo o sucesso que desejam. Não posso afirmar que são pessoas cheias de cobiça — digo o óbvio: eles são humanos.

A meu ver, após décadas no mercado de trabalho, entendo que os Dez Mandamentos produzem resultados em todos os lugares. Isso inclui o ambiente profissional. Quem os cumpre pode até ir mais devagar, mas irá com muito mais solidez. Não preciso dizer que adultério, mentira, fofoca e outras atitudes como essas têm pernas curtas e aqueles que se valem desses artifícios podem até ter sucesso durante algum tempo, mas correm o risco de ser descobertos. Como já foi dito, é possível enganar todos por algum tempo e alguns por muito tempo, mas poucos conseguem enganar todo mundo o tempo todo. As exceções são tão raras que não recomendo o risco.

Ao extrair lições dos livros e da vida, não tenho qualquer receio de dizer que o caminho aparentemente mais longo e sem atalhos sedutores em geral é o mais seguro.

E, às vezes, até mesmo o mais rápido. A menor distância entre dois pontos é a linha reta: retidão de conduta, retidão de caráter.

É claro que, tenha você a crença que tiver, a forma como enxerga os Dez Mandamentos influenciará sua capacidade de segui-los. Alterar a maneira de entender algo depende de uma série de fatores. Contudo, requer uma tomada de consciência, que pode acontecer de repente e quando menos se espera. Foi assim que ocorreu minha mudança de perspectiva sobre o Decálogo. Eu estava no escritório de um amigo, Adolfo Martins, quando um livro em sua estante chamou a minha atenção: *Os dez desafios* (eu amo desafios!) do já citado psicólogo e professor Leonard Felder. Peguei o livro e me surpreendi com o subtítulo: *Orientações espirituais inspiradas nos Dez Mandamentos para criar sentido, desenvolvimento e prosperidade em todos os dias de sua vida.*

Se, por um lado, fiquei bastante chocado com esse subtítulo, por outro ele funcionou como um ímã. Afinal, eu jamais olhara para esses preceitos como algo que pudesse levar a qualquer uma das direções que Felder apontava. Pelo contrário, para mim sempre foram origem de culpa e frustração, ao revelar insistentemente quanto sou imperfeito aos meus próprios olhos e diante de Deus, porque em todo tempo sou fustigado por tentações — e cedo ou tarde caio em uma ou outra.

Admito que era muito difícil para mim ler palavras como as de Jesus: "Vocês serão meus amigos, se fizerem o que eu lhes ordeno" (Jo 15.14). Ora, mas que amigo é esse — eu pensava — que dá uma série de ordens e espera obediência, nada mais? Com o tempo, descobri que apenas conseguimos desenvolver a amizade com pessoas que, por mais diferentes que sejam, tenham valores em comum. Assim, um muçulmano e eu, um flamenguista e eu, um comunista e eu podemos ser amigos, desde que haja um mínimo de respeito pela liberdade de crença e de escolha — seja de um time, seja de uma ideologia política.

Para uma amizade crescer, é preciso haver afinidades. Hoje entendo que Jesus propõe um conjunto de práticas que auxiliam a desenvolver pessoas íntegras, maduras e confiáveis. A obediência não é um muro, mas, sim, uma ponte para a amizade. Segundo esse raciocínio, a desobediência é, principalmente, algo prejudicial a pessoas que, por qualquer razão, não conseguem amadurecer a ponto de obedecer os princípios que lhe foram recomendados. Parece meio difícil de entender, mas funciona!

Sempre que analisamos um assunto, é preciso tentar nos despir de nossos preconceitos e pontos de vista. Muitos poderiam argumentar que isso é impossível. E eu serei obrigado a concordar. Mas, ao menos, devemos tentar fazer que nossas ideias pré-concebidas não nos impeçam de ouvir outras vozes, outras ideias, outros conceitos.

Na vida de um juiz isso é muito importante, como é o meu caso. Pessoas vêm ao Poder Judiciário em almeja de justiça. Casais em processo de divórcio, quando não há uma separação consensual, geralmente polarizam uma disputa em que ambos sempre acham que estão certos e se consideram a parte prejudicada. Em uma briga, geralmente há três lados: o seu, o meu e o certo. E o juiz tem a tarefa de definir o certo.

Claro que há situações em que um dos envolvidos visivelmente cometeu mais erros do que o outro, mas a observância disso só pode ser feita mediante a apresentação de provas, que podem ser documentais ou testemunhais.

Assim, o juiz ouvirá testemunhas de ambas as partes, que muitas vezes são instruídas para falar somente o que beneficia um dos lados e prejudica o antagonista. A experiência de um juiz pode fazer que testemunhas forjadas ou instruídas previamente sejam postas em contradição ou deixem transparecer que estão mentindo — por serem vítimas de algum tipo de coação ou por se sentirem inseguras.

Em outras situações, como um acidente de trânsito, às vezes não há má-fé, mas diversas testemunhas ajudam a elucidar quem é verdadeiramente culpado. A visão do motorista, a do passageiro da frente, a de quem está no banco de trás, a do outro motorista e a dos passageiros do outro veículo, a de pedestres que presenciaram o acidente na rua: todos os pontos de vista são somados para que se tente descobrir a dinâmica do acidente e avaliar a culpa dos envolvidos.

Na vida religiosa, infelizmente, não é isso o que acontece na maioria das vezes. Em geral, somos catequizados na infância, quando preceitos nos são transmitidos como verdadeiros e isentos de qualquer erro. É comum que, além dos princípios bíblicos — esses sim verdadeiros e livres de erro — nos tenham sido ensinadas interpretações de verdades das Escrituras, além dos dogmas próprios de cada denominação ou religião. Muitos ensinam o seu entendimento como sendo o único correto, e isso é fonte inesgotável de frustrações e problemas.

Quando crianças, não nos é permitido criticar ou questionar. O que nos é passado é a verdade, não pode ser desobedecido e, se o fizermos, Deus nos castigará! Isso já constitui um grande problema, cuja tendência é crescer proporcionalmente ao avanço da idade. Adolescentes e jovens são tolhidos quando questionam algum princípio que a liderança muitas vezes apresenta como bíblico, mas não passa de usos e costumes de um grupo, sob a bandeira de uma visão teológica. Não é de estranhar que muitos desses jovens se rebelem e abandonem a religião. Ou, ainda, que surja na sociedade preconceito contra os religiosos e, infelizmente, contra a própria fé cristã.

Qual é sua visão sobre os Dez Mandamentos? O que você pensa é fruto de alguma desilusão religiosa ou resultado de um preconceito generalizado? Se for assim, minha proposta é que você tente deixar de lado esse posicionamento, a fim de que consiga analisar com mais isenção o que apresentarei no decorrer deste livro. Tenho confiança em que, ao final da leitura, sua opinião sobre o assunto sofrerá uma transformação radical. Só que, para que isso aconteça, precisamos analisar cada mandamento como um desafio para uma vida melhor, uma orientação para uma convivência harmoniosa, um princípio para um mundo menos violento.

Muitos dos livros de autoajuda nos ensinam lições para que a nossa própria vida seja aprimorada. É uma literatura com foco no indivíduo, no leitor. De fato, se você mudar sua visão sobre os Dez Mandamentos, certamente sua vida será melhor. Mas o foco do Decálogo está na relação que temos com o próximo, como nossos vizinhos, pais, empregados, empregadores, enfim, qualquer pessoa que cruze nossa história. O ponto de partida pode ser individual, mas os benefícios vão muito além de você mesmo.

Portanto, tente analisar esses princípios como algo que vai melhorar não só a sua vida e a de sua família, mas que pode mudar seu bairro, sua cidade e o mundo. Não acredito que esse tipo de transformação seja apenas um sonho. Existem relatos históricos de que a comunidade que se formou no início da era cristã, embora fosse uma Igreja perseguida pelo

Império Romano, transformava pessoas e comunidades, crescendo em número e em testemunhos impactantes de vidas transformadas. Como deixou registrado o médico Lucas:

> Os que criam mantinham-se unidos e tinham tudo em comum. Vendendo suas propriedades e bens, distribuíam a cada um conforme a sua necessidade. Todos os dias, continuavam a reunir-se no pátio do templo. Partiam o pão em suas casas, e juntos participavam das refeições, com alegria e sinceridade de coração, louvando a Deus e tendo a simpatia de todo o povo. E o Senhor lhes acrescentava diariamente os que iam sendo salvos.
>
> Atos 2.44-47

Um pouco mais adiante, Lucas relata outros benefícios coletivos da obediência aos preceitos bíblicos:

> Da multidão dos que creram, uma era a mente e um o coração. Ninguém considerava unicamente sua coisa alguma que possuísse, mas compartilhavam tudo o que tinham. Com grande poder os apóstolos continuavam a testemunhar da ressurreição do Senhor Jesus, e grandiosa graça estava sobre todos eles. Não havia pessoas necessitadas entre eles, pois os que possuíam terras ou casas as vendiam, traziam o dinheiro da venda e o colocavam aos pés dos apóstolos, que o distribuíam segundo a necessidade de cada um.
>
> Atos 4.32-35

Ou seja, enquanto a Igreja viveu os princípios apresentados por Deus a Moisés e ratificados por Jesus, um tipo de ideal se formava e despertava inclusive a simpatia das outras pessoas. Infelizmente, a partir do momento em que alguns passaram a olhar mais para si do que para o que era comum entre eles, a trajetória começou a se desviar de seu sentido principal. É o que aconteceu, por exemplo, com um casal de integrantes da igreja primitiva, Ananias e Safira:

> Um homem chamado Ananias, com Safira, sua mulher, também vendeu uma propriedade. Ele reteve parte do dinheiro para si, sabendo disso também sua mulher; e o restante levou e colocou aos pés dos apóstolos. Então perguntou Pedro: "Ananias, como você permitiu que Satanás enchesse o seu coração, ao ponto de você mentir ao Espírito Santo e guardar para si uma parte do dinheiro que recebeu pela propriedade? Ela não lhe pertencia? E, depois de vendida, o dinheiro não estava em seu poder? O que o levou a pensar em fazer tal coisa? Você não mentiu aos homens, mas sim a Deus".
>
> Atos 5.1-4

O fim de Ananias e Safira foi trágico, como você pode ler na sequência dessa passagem bíblica. Assim como é trágico, nos dias de hoje, quando descobrimos falsos cristãos, líderes de igrejas, que proclamam o amor e a obediência, mas por trás das cortinas e dentro dos corações prevalece o desejo de enriquecimento financeiro.

Neste capítulo, tentei ser o mais sincero possível. Talvez, pelo que você vê à sua volta ou por experiências que tenha vivido, o cristianismo lhe pareça ser uma ilusão ou uma hipocrisia, bem como tudo o que ele proclama, inclusive os Dez Mandamentos. Talvez sua experiência com religiosos que citam a Bíblia seja marcada por muitas decepções. A minha também é. Concordo que estamos cercados de hipócritas e falsos líderes espirituais.

Todavia, sinto-me compelido a insistir na sugestão que você deixe um pouco esses pontos de vista de lado e me acompanhe nesta expedição em almeja dos aspectos positivos dos Dez Mandamentos. Os frutos da viagem serão definitivos em sua vida! Não deixe de avaliar as ideias da Bíblia e de Jesus apenas porque alguns de seus seguidores usaram esses conceitos tão importantes de forma distorcida ou em benefício próprio. E, vale dizer, eu sou um deles: muitas vezes errei, com frequência estive longe do comportamento proposto pelo Messias. Assim, mesmo tirando de cena os falsos cristãos, os estelionatários que usam a fé para enganar, enfrentamos cotidianamente pessoas que tentam sinceramente agir como bons discípulos do Senhor mas, devido às falhas de sua humanidade, não conseguem — sempre ou na maior parte das vezes.

Em suma, quero dizer que, se você for olhar o comportamento das pessoas, eu sou o primeiro a *não* ser um bom referencial, já que errei e caí muitas vezes. Mesmo assim, cabe notar no cristianismo o que foi dito pelo reverendo Martin Luther King: "Não somos o que deveríamos ser, não somos o que queríamos ser, mas, graças a Deus, não somos mais o que éramos".

Portanto, os mandamentos são ordens, mas também uma expressiva demonstração do amor de Deus. Quem lhes obedecer certamente alcançará benefícios. A sociedade moderna mostra intolerância com qualquer tipo de ordem, mas a maior parte delas é útil. Lembre-se dos limites impostos por nossos pais, para nossa própria segurança. Ainda poderíamos citar a proibição do álcool para motoristas, uma séria limitação à liberdade individual, mas que evita acidentes, mortes, invalidez e outros males.

O filho com maturidade suficiente reconhece o zelo do pai e não obedece por medo, mas como retribuição pelo amor que lhe foi oferecido. Também por inteligência, já que percebe os bons resultados de seguir seus conselhos. Outra via é o filho obedecer simplesmente por confiar na sabedoria do pai. Assim, não é o medo de ser castigado que leva à obediência, mas o benefício de não sofrer as consequências naturais de uma escolha equivocada.

O filósofo alemão Johann von Goethe disse que "o comportamento é o espelho onde cada um mostra sua imagem". No caso da obediência aos mandamentos, o fato é que podemos seguir o caminho inverso. Mudamos nossa atitude e nossos pensamentos e em seguida alteramos nosso comportamento. Isso afetará quem somos.

Em qualquer caso, Jesus, no Sermão do Monte, deixou bem claro que não basta evitar matar o irmão, mas é preciso também não desejar fazê-lo; não basta não adulterar de fato, mas é preciso também abrir mão de pensar nessa possibilidade em sua mente. Ou seja, para um Deus que olha o coração, apenas seguir normas exteriores é muito pouco. Ele quer "tirar um coração de pedra" e colocar no lugar um "coração de carne" (Ez 11.19). Quem segue as normas por obediência a regras pode ir além e passar a enxergá-las como algo feito para ajudar e não para proibir.

É por todas essas razões que os Dez Mandamentos são tão atuais hoje como na época de Moisés e na de Jesus: pois continuam vigentes, válidos e úteis para manter a harmonia entre o homem que os põe em prática e Deus; entre si mesmo e as demais pessoas. E, ao final, você verá que o maior beneficiado por cumprir os Dez Mandamentos é sempre você mesmo.

PARA SABER MAIS

O leitor do Antigo Testamento enfrenta obstáculos que não estão presentes em outros livros. Por exemplo, fiquei desanimado logo no início pela sua aparente desordem. O Antigo Testamento não pode ser lido como um romance coeso e fluente; contém poesia, história, sermões e contos escritos por vários autores, e depois colocados juntos em uma obra. Os livros não estão todos em ordem cronológica. No seu tempo, é claro, ninguém pensava no Antigo Testamento como um livro completo. Cada livro estava num rolo separado: por exemplo, um livro como Jeremias deveria ocupar um rolo de 10 a 15 metros. Um judeu que entrasse numa sinagoga veria uma pilha de rolos, não um único livro. Sabendo das diferenças, escolheria conforme a necessidade (e, de fato, em alguns feriados solenes, os judeus só podiam ler Jó, Jeremias e Lamentações para que mantivessem a atitude correta de luto; os outros livros poderiam sugerir prazer e alegria demasiados).

No entanto, considero impressionante o fato de que essa coleção tão diversa de manuscritos, redigidos num período de mil anos por dezenas de autores, apresente um grau tão elevado de unidade. [...] A impressionante unidade da Bíblia é um sinal forte de que Deus conduziu o seu processo de composição. Usando um grupo variado de autores e de situações culturais diversas, Deus desenvolveu um registro completo do que ele quer que saibamos: é incrível, mas os fatos se encaixam de tal maneira que temos então uma única história.

Philip Yancey, em *A Bíblia que Jesus lia*

CAPÍTULO 3
Os Dez Mandamentos, a Psicologia e a ciência

Ora, a rebelião do homem é tentar existir fora do círculo no qual Deus o criou para existir.

Francis Schaeffer, em *Verdadeira Espiritualidade*

COMO RELATEI NO capítulo anterior, fiquei surpreso quando me deparei com o livro *Os dez desafios*, do judeu Leonard Felder. Afinal, a obra apresentava uma visão sobre o Decálogo que para mim era completamente nova, a partir de reflexões de um psicólogo sobre um tema religioso, de forma abrangente e muito positiva.

Desde que Sigmund Freud escreveu que a religião é uma "neurose obsessiva", em seu artigo "Os atos obsessivos e as práticas religiosas",[1] ficou evidente que havia um conflito entre a Psicologia e a fé. Para o pai da Psicanálise, a crença religiosa era somente uma "ilusão infantil criada pelo ser humano para se defender da esmagadora superioridade da natureza". Mas esse conflito não é uma unanimidade. Seu seguidor e depois crítico Carl Gustav Jung estudou as manifestações religiosas de todos os povos que teve a oportunidade de observar de perto, com olhar teoricamente despido de preconceito. Ele via nos arquétipos religiosos — ou seja, o conteúdo do inconsciente coletivo, herdado de antigas gerações — algo a ser entendido e trabalhado.

Outro psicólogo famoso, William James, abordou o chamado "sentimento de racionalidade", responsável por fazer que aceitemos ou rejeitemos ideias racionais. Segundo James, a partir de uma decisão que tem origem no emocional, aceitamos o que nos parece mais satisfatório, o que provoca "intenso sentimento de tranquilidade, paz, descanso". A definição dele para o sentimento de racionalidade é o de total ausência da "necessidade de explicar, discutir, justificar". Isso significa, em suma, que nosso lado racional almeja experiências transcendentais. Não daria para conceber o funcionamento do cérebro sem levar isso em consideração, uma vez que faria parte do todo. Por esse pensamento, ao se tomar o homem em sua totalidade, não haveria como descartar suas experiências místicas, nem mesmo quando o próprio indivíduo nega essa possibilidade, declarando-se agnóstico ou ateu.

Dentro da ciência, talvez a Psicologia seja uma das áreas mais incompreendidas pela igreja — e vice-versa. Por isso fiquei surpreso. O que levaria um psicólogo a falar sobre os Dez Mandamentos? Leonard Felder desenvolveu técnicas de terapia que enfatizam a forte relação entre a cura psicológica e a espiritualidade. Ele não é o único a perceber essa ligação e levá-la ao consultório ou ao ambulatório. Felder escreveu: "Por diversas vezes descobri que exatamente os mesmos problemas espirituais evocados pelos Dez Mandamentos oferecem pistas evidentes para nos ajudar a recuperar a saúde emocional e o bem-estar psicológico". O raciocínio é claro: se você enfrenta dificuldades para lidar com a lista que Deus ofereceu a Moisés, isso fornece subsídios relevantes para ajudar o terapeuta a encontrar maneiras de conduzi-lo de volta ao chamado "padrão de normalidade".

Leonard Felder traz para a prática do dia a dia suas reflexões, frisando que os mandamentos bíblicos muitas vezes "resolveram problemas de casais ou de pessoas que me procuraram em meu consultório". Ele justifica essa afirmação lembrando o sistema teórico da Bíblia: seus autores afirmam constantemente que nela estão todas as indicações para uma vida de plenitude. O Antigo Testamento narra a existência do mal e do pecado e promete o Messias que salvaria o mundo. O Novo Testamento sustenta que Jesus é esse Messias e apresenta as diretrizes que ele deixou para seus seguidores obedecerem.

Assim, a Bíblia se apresenta como fonte de informação sobre o que é o mal e, ao mesmo tempo, indica a fonte de salvação e de libertação desse mal — e, também, do medo. Faz-nos ainda descobrir que somos pecadores, tantas são as transgressões que cometemos, e mostra que Deus mandou seu próprio Filho para nos redimir: Jesus morreu por nós para, depois, ressuscitar e retornar aos céus, de onde viera. Nesse ciclo está a chave para a mudança de visão, pois quem o aceita e o segue trilhará o mesmo caminho de luz.

Contudo, mesmo ao não religioso os Dez Mandamentos oferecem instrumentos de satisfação e crescimento pessoal. Nesse passo, tudo o que está no livro sagrado é sabedoria sob medida para viver. Os ensinamentos continuam tão atuais como eram nos primeiros milênios. Não por acaso aquela impressionante sequência de relatos e orações sobrevive ao tempo. Suas lições, mesmo que você não creia que vieram diretamente de Deus, são fundamentais não apenas para a resolução de nossas questões religiosas, mas também psicológicas, como atesta Felder. Afinal, a Psicologia é o estudo da alma, da chama fundamental, da identidade de cada ser.

A sociedade moderna é assolada pela depressão e o estresse. Acredito que o sentimento que configura o elo entre esses dois problemas seja a culpa. Pais sentem-se culpados por não poderem proporcionar todas as coisas boas que desejariam para sua casa e seus filhos. Maridos sentem-se culpados por não conseguirem amar sua esposa intensamente. Mães sentem-se culpadas por se dedicar mais ao trabalho e cada vez menos aos filhos. A lista é enorme. E, infelizmente, em vez de colaborar para reduzi-la, grande parte da igreja muitas vezes intensifica a culpa das pessoas. E não só de ilustres desconhecidos.

Autor de dezoito livros sobre espiritualidade, o escritor americano Philip Yancey desabafa logo no primeiro capítulo de seu livro *Alma sobrevivente* — cujo subtítulo em inglês é ainda mais impressionante: *How my faith survived the Church* [Como minha fé sobreviveu à Igreja]: "Tenho passado a maior parte de minha vida recuperando-me daquilo que a Igreja me fez".[2] Muitas vezes, a instituição eclesiástica não admite a existência da culpa puramente psicológica. Em *Cristianismo puro e simples*, o escritor cristão C. S. Lewis destaca: "O estado psicologicamente mau não é um pecado, mas uma doença. Não é preciso ele se arrepender, e sim ser curado". O escritor irlandês apresenta uma ilustração fantástica sobre o assunto: "Podemos entender a natureza da embriaguez quando estamos sóbrios, não quando estamos bêbados. As pessoas boas conhecem tanto o bem quanto o mal; as más não conhecem nenhum dos dois". Por isso, acredito que a formação teológica é tão importante para um pastor ou para um líder religioso como o preparo psicológico. Somente assim ele perceberá que, em alguns momentos, a situação de alguém a quem esteja tratando espiritualmente foge ao seu conhecimento. Dessa maneira, vai direcionar essa pessoa para um profissional qualificado, seja um psicólogo, seja um terapeuta. Muitas igrejas ainda tratam transtornos psicológicos como manifestação demoníaca. Não quero me ater a esse ponto, pois não é a finalidade deste livro. Creio que tais manifestações existam, eu mesmo posso dizer que na minha vida já vi o Diabo trabalhar duro. Ele é persistente e sempre joga sério. Nem tudo de errado é feito por ele, mas por nós mesmos (muitas vezes, o Diabo é só uma excelente desculpa). Também não é possível que todo surto ou colapso psicológico seja tratado como se fosse alguma das formas de possessão ou opressão diabólica. Frequentemente, o tratamento clínico é a resposta da oração que pedimos e não uma expulsão demoníaca ou um exorcismo, como alguns insistem. Ou seja, é preciso ter consciência de que há pessoas doentes em nosso meio. E todos os esforços devem ser empreendidos para que a cura, tanto clínica quanto espiritual, os alcance — e cada uma delas em seu lugar. C. S. Lewis apresenta uma distinção entre os psicologicamente saudáveis e os doentes:

> Quando alguém faz uma escolha moral, duas coisas estão envolvidas. Uma é o ato da escolha. A outra são os vários sentimentos, impulsos, e tudo o mais, que o seu equipamento

psicológico lhe fornece, e são a matéria-prima da escolha. Bem, essa matéria-prima pode ser de dois tipos. Tanto pode ser o que chamaríamos de normal, consistindo dos sentimentos que são comuns a todos os homens; ou então são sentimentos inteiramente anormais, decorrentes de coisas erradas do subconsciente.

Creio que você concorda que o indivíduo com transtornos psicológicos necessita de cuidados clínicos profissionais. Isso não isenta a liderança, a igreja e seus membros de amparar aqueles que estão doentes, com amor, carinho e compreensão. Claro que há quem viva em estado contínuo de depressão ou de problemas só para que seja socorrido pelos irmãos, simula situações por carência ou para tirar proveito dos outros. Vive o tempo todo choramingando e resmungando da vida. É um tipo de situação para se ter cautela, discernimento e sabedoria.

Os Dez Mandamentos podem ajudar a lidar com problemas psicológicos, como ansiedade, depressão, aquele mal-estar que sentimos mas desconhecemos a origem e outros. O próprio Leonard Felder afirma que cuidava de boa parte de seus pacientes com base nos princípios dos Dez Mandamentos, pois foi o descumprimento dos mesmos que de alguma maneira provocou os problemas que os levaram ao consultório.

Muitas são as dificuldades por que passamos devido ao que a sabedoria popular chama de "dores da alma". Diante disso, como essa lista tão incisiva de ordenanças pode ser um instrumento terapêutico se, aparentemente, põe ainda mais peso sobre nossas costas?

Se você compartilha da fé cristã, entenda que as determinações do Decálogo, que geram uma vida melhor, vieram diretamente de nosso Pai, aquele que criou o mundo, formou a humanidade, criou a mim e você e demonstrou seu amor de maneira inigualável. Só isso já seria suficiente para duvidar daqueles que pintam a imagem de Deus como se ele fosse austero, rancoroso, rabugento e que quer fazer das pessoas marionetes. Realmente, não teria sentido um Deus que envia seu filho para salvar a humanidade deleitar-se em criar uma enorme quantidade de proibições sem utilidade.

Outros podem ter, caso queiram, uma experiência mística com Cristo, já que a Bíblia afirma que ele ressuscitou. Pessoalmente, afirmo que o Messias já me ajudou muito e estou certo de que pode fazer o mesmo por você. Mas, se não crê nele, ainda assim os Dez Mandamentos podem ajudá-lo, devido à sabedoria neles contida — de qualidade comprovada por ter sido testada e aprovada pelo tempo. Se não professa a fé cristã, ainda assim você dispõe da lógica, da razão, do amor e dos valores milenares consubstanciados nos Dez Mandamentos, que podem, pela ética que transmitem, servir como um roteiro de mudança pessoal.

É importante destacar que o cumprimento — ou pelo menos a tentativa — dos Dez Mandamentos não é um passaporte com visto garantido para o céu. Pois a Bíblia fala em salvação pela graça, mediante a fé, e não pelo cumprimento do Decálogo! Daí, não se pode dizer que Deus ameaça as pessoas com o inferno caso não cumpram os Dez Mandamentos. As Escrituras afirmam que não há um justo sequer (Rm 3.10) e que sem fé é impossível agradar a Deus (Hb 11.6). Logo, dentro dessa visão mais completa, eles podem ser vistos como preceitos que, se cumpridos, tornarão a vida bem melhor. Você pode até não se interessar pelo cristianismo. A escolha é sua. Mas é preciso deixar bem claro que o cumprimento das leis divinas não são pressuposto para aquilo que os cristão chamam de salvação, embora quem tenha a fé que salva invariavelmente vai procurar cumprir as ordenanças. Salvação é uma oportunidade aberta e gratuita que Deus estende para toda a humanidade. Não há pré-requisitos, exceto aceitar o amor divino, olhar para dentro de si, reconhecer-se pecador, arrepender-se da vida de pecado e comprometer-se pela fé com Jesus. Esse é o primeiro passo para uma vida com sentido.

Para quem já compreendeu todos esses passos, deveria ficar mais fácil entender os Dez Mandamentos não como uma testemunha de acusação que provoque culpa. Pelo contrário, eles fazem parte de um manual que nos ensina a manter comunhão com Deus e, como consequência disso, alcançar bem-estar psicológico — positivo para nós e os que estão à nossa volta. Se não levarmos a sério os Dez Mandamentos, há grandes chances de carregarmos pela vida afora um peso bem grande por ignorar esses preceitos básicos, resultado de problemas emocionais derivados da culpa ou que gerem esse dano. Mas é importante salientar que se livrar da carga emocional pela desobediência não pode ser a única razão para cumprir os mandamentos. Se fosse assim, alguém que não sinta culpa ou arrependimento poderia viver muito bem sem seguir esses princípios.

Na verdade, o que parece ser a razão essencial e fundamental para Deus ter outorgado os Dez Mandamentos é o fato de nos amar e, por conhecer nossa estrutura frágil, dispor de condições especiais para recomendar os melhores caminhos. Assim, desenvolver-se interiormente a ponto de cumprir os mandamentos exige uma superação e um amadurecimento tais que influenciarão o cotidiano da pessoa. Todos vamos passar por dificuldades e muitas delas serão no plano psicológico. Nessas horas, o Decálogo é excelente fonte de apoio e segurança, como assegura o psicólogo Leonard Felder.

Se você foi mal compreendido por uma igreja ou uma pessoa que se dizia cristã e, como consequência disso, se sente perseguido por culpa, dor ou depressão, é hora de deixar esse passado para trás. Você tem dois caminhos, que não são excludentes: o primeiro é concentrar-se em Deus, pedir a ele orientação para encontrar um grupo que o acolha e saiba que, assim como você também comete erros, muitas pessoas ao seu redor também necessitam de restauração psicológica, de amor e de perdão. O segundo é procurar auxílio de um bom profissional da área da Psicologia, para obter apoio. Apesar de teoricamente os conceitos de fé e ciência serem excludentes, essa não é uma realidade.

No passado, muitos analisaram as crenças religiosas como um fator de atraso (como exemplifica a famosa frase "a religião é o ópio do povo"), na atualidade até mesmo a Física Quântica começa a discutir Deus. Na verdade, a ciência também realiza pesquisas em almeja de respostas sobre temas relacionados à fé, que fazem parte da mente coletiva da humanidade desde os primórdios dos tempos. Durante milênios, o assunto permaneceu restrito ao terreno puramente místico, onde o conhecimento científico entrava apenas para negar ou lançar sérias dúvidas, uma vez que não encontrava provas materiais para atestar aquilo que chamava de "teorias".

Quando jovens cristãos entram na faculdade, é comum que sua fé seja confrontada por outros alunos e por professores experientes. Costumam dizer que a fé é baseada em fábulas e que só quem não usa a razão pode acreditar nelas. Muitos que tiveram sua fé fundamentada no medo ou em normas decoradas nessa hora veem uma brecha para se livrar de todo o peso que carregaram durante anos, com uma religião baseada em rituais sem sentido e religiosidade vazia. É, por exemplo, o que aconteceu com o filósofo Friedrich Nietzsche, que inicialmente era uma criança extremamente espiritual e amante da Bíblia, além de ter a intenção de se tornar pastor como o pai e os avôs, mas que durante a faculdade se desviou do cristianismo autêntico por questionar a essência da religião institucional.

Muitas vezes, as pessoas que nos questionam não estão completamente erradas. O problema é que baseiam suas crenças — ou melhor, a falta delas — em suas más experiências pessoais; em maus exemplos de (falsos ou equivocados) cristãos; em uma igreja que aparece nas manchetes de jornais e nos canais de televisão e que, na sua essência, pouco tem de cristianismo verdadeiro.

É preciso entender que a base da ciência é a comprovação. E a base da religião é a fé. Com sistemas de convicção tão diferentes, é natural que ocorram colisões. Contudo, a fé também é enriquecida pela experimentação. Não são poucos os cristãos capazes de contar experiências naturais ou sobrenaturais que viveram ou que presenciaram. Aliás, muitos cientistas que conseguem compreender e até formular processos químicos e físicos ficam surpresos com o que veem, mas são incapazes de reproduzi-los. Qual é o pesquisador que pode fazer que oito planetas girem em órbita elíptica ao redor de uma estrela, em um movimento que parece uma dança cósmica, de forma ininterrupta? Isso também acontece com o milagre da vida, quando células do corpo masculino se encontram com células do corpo feminino, se unem e, de forma orgânica e gradual, formam um novo ser vivo. Mesmo que a clonagem e a fertilização *in vitro* estejam em estágios avançados no conhecimento humano, ainda assim não foi possível para a ciência gerar um bebê somente com compostos químicos. A essência da vida está dentro de um homem e de uma mulher.

Para lidar com esse conflito, o cristão deve seguir duas fórmulas: a primeira é aumentar sua intimidade com Deus, tornando-se cada vez mais uma testemunha ocular de sua intervenção na vida cotidiana e, por conseguinte, de sua existência. A segunda é aprender a argumentar utilizando o prisma da ciência, o que também é válido.

Por outro lado, muitos se decepcionam quando não encontram no cristianismo muitas respostas para suas perguntas. Para esses, é sempre bom lembrar o pensamento do escritor russo Fiódor Dostoiévski: "Não é como criança que creio em Jesus Cristo e o confesso. Meus hosanas nasceram de uma fornalha de dúvidas".

Há, portanto, uma contraposição milenar entre fé e razão, que vem embasando discussões filosóficas e teológicas há séculos. Gostaria, porém, de acrescentar mais um elemento nesse debate: a mística. Geralmente, quando se fala essa palavra, muitos logo pensam em algum bruxo, uma vidente, uma cigana que lê mãos. Há também aqueles que ligam o conceito à superstição. Afinal, muitos vão admitir, mesmo sem acreditar, não é recomendável passar por baixo de uma escada ou deixar um gato preto atravessar o seu caminho. Ou então, já que a loteria está acumulada, não custa nada passar na cartomante — alguns preferem os biscoitos da sorte — para uma orientação quanto aos números a escolher para apostar.

A meu ver, esses grupos estão terrivelmente equivocados. Um livro esclarecedor sobre o assunto foi escrito por dois expoentes católicos romanos: Leonardo Boff e Frei Betto. No prefácio de *Mística e espiritualidade*, Boff resume o que é mística: "Experimentar Deus". E escreve mais: "O que, na verdade, hoje muitos procuram é falar a Deus e a partir da experiência de Deus". Esse tipo de experiência, segundo Boff, leva à espiritualidade, que nada mais é do que "a transformação que esta mística produz nas pessoas, na forma de olhar a vida, no jeito de encarar os problemas e de encontrar soluções". E conclui, dizendo que, ao contrário do que muitos afirmam:

> Falar de mística não significa despistar a resposta às questões formuladas, nem mistificar a realidade, mas colher seu lado mais luminoso, aquela dimensão que alimenta as energias vitais para além do princípio do interesse, dos fracassos e dos sucessos. Espiritualidade e mística pertencem à vida em sua integralidade e em sua sacralidade. Daí nascem o dinamismo da resistência e a permanente vontade de libertação.

Quando penso em fé, logo vem à minha mente a galeria dos homens citados no capítulo 11 do livro bíblico de Hebreus. Abel, Enoque, Noé, Abraão, Jó, José e Moisés, dentre outros, têm seu nome e seus atos registrados no rol da fé. Em contrapartida, ao olhar para minha vida, fico frustrado quando penso que, aparentemente, não fiz nada para que meu nome fosse incluído nessa lista, nem mesmo na última posição. No entanto, sei que a trajetória desses homens não foi fácil. Ainda no livro de Hebreus estão algumas das consequências da vida de fé desses heróis:

> Outros enfrentaram zombaria e açoites; outros ainda foram acorrentados e colocados na prisão, apedrejados, serrados ao meio, postos à prova, mortos ao fio da espada. Andaram errantes, vestidos de pele de ovelhas e de cabras, necessitados, afligidos e maltratados. O mundo não era digno deles. Vagaram pelos desertos e montes, pelas cavernas e grutas.
>
> Hebreus 11.36-38

Aí penso: "Será que eu também estaria mesmo disposto a passar por tudo isso?". Escritores conhecidos também expressam seu temor. Em *O Deus (in)visível*, Philip Yancey afirma: "Embora não queira desencorajar a fé de ninguém, também não quero oferecer expectativas irreais quanto ao que a fé possa realizar". O jornalista e escritor americano cita uma afirmação interessante da mística francesa Madame Jeanne Guyon:

> "Se as respostas às perguntas da vida são absolutamente necessárias para você, então esqueça a viagem. Você nunca chegará lá, pois esta é uma viagem de incógnitas, de perguntas sem resposta, de enigmas, de coisas incompreensíveis e, principalmente, injustas."

Madame Guyon é conhecida por ter defendido a diferença de conceitos entre orar a Deus e experimentar Deus por meio da oração, transformando algo que muitas vezes é um ritual frio em uma ponte para ter contato com o criador. É preciso que a mística nos leve à espiritualidade, nunca ao fanatismo ou ao fundamentalismo religioso. A própria Bíblia diz que devemos estar preparados para responder sobre a razão da fé que existe dentro de cada um de nós. Então, só você pode (e deve!) cuidar de sua crença, para reunir forças que lhe capacitem a viver e morrer por ela, e estudar o suficiente para compreender e defender aquilo em que acredita. Com isso, você será capaz de difundir seu conhecimento e contribuir para o progresso do pensamento. Ciência e religião não se contrapõem. Pelo contrário, quando trabalhadas de forma imparcial e sem objetivos pré-definidos, completam-se e ajudam o homem a experimentar melhor quem é Deus e o que esse mesmo homem deseja para sua vida.

PARA SABER MAIS

Hoje em dia homens de diversos campos — médicos, juristas, economistas, homens de ciência ou de letras e ainda livres pensadores e ateus, judeus e cristãos, católicos e protestantes — todos estão em almeja de algo novo; de algo que não seja o simples prolongamento do que foi a cultura no transcurso dos últimos séculos, mas de algo que rompa essa linha, algo que não pertença à ordem da análise científica, mas à ordem da síntese intuitiva, algo que em vez de fragmentar o homem, venha restituí-lo em sua unidade.

Paul Tournier, em *Mitos e neuroses*

CAPÍTULO 4
Os Dez Mandamentos são fruto do amor

> Para mim, o que [Cristo] quis dizer é: "Tudo o que farei será contribuir para que vos torneis perfeitos. Podeis vos contentar com menos, mas não o permitirei".
>
> C. S. Lewis, em *Cristianismo puro e simples*

OS DEZ MANDAMENTOS podem ser considerados dez mensagens que Deus quis nos transmitir. Ou, como o psicólogo Leonard Felder prefere chamar, os "dez desafios", pois ele sugere a existência de um processo contínuo de aperfeiçoamento que você pode trilhar se quiser. Nada nem ninguém o obrigam a isso, embora ignorá-los traga consequências. Entender essa ideia de *processo* é importante, pois ela exclui o conceito de ultimato. O amor de Deus permite que, se for cometido um pecado, o jogo continue.

Podemos fazer uma analogia com o futebol. Em 1993, a Fifa introduziu em suas regras o chamado *gol de ouro* (antiga *morte súbita*), sistema pelo qual, se os times empatassem, iam para a prorrogação, mas com um detalhe: o primeiro que fizesse um gol era o vencedor e a partida acabava na hora. Ou seja, se a equipe levasse um gol na prorrogação, não teria a oportunidade de tentar empatar, virar o jogo ou levar a decisão para os pênaltis. Esse sistema era tão duro e rigoroso que não foi mantido e, em 2006, acabou abolido das partidas de Copa do Mundo. Da mesma forma, um erro, um pecado cometido por nós não significa o término do jogo, com a vitória do adversário. É possível empatar e virar — ou, melhor dizendo, é possível que a falha seja apenas parte da caminhada.

Precisamos admitir que nossa trajetória teve e ainda terá muitos erros. Afinal, o único homem que viveu na terra e não cometeu pecado algum, até o fim de sua vida, foi Jesus (Hb 4.15). Logo no início de seu ministério, após ser batizado, Jesus permaneceu no deserto, em um jejum de quarenta dias e noites (Mt 4.1-11). Seu corpo humano desejava comer algo. Foi quando o Diabo lhe apareceu, em primeiro lugar questionando sua divindade. É interessante que Satanás não ofereceu pão ou outro alimento para Cristo, mas questionou o seu poder: "Se você é o Filho de Deus...". Sabemos que, se quisesse, o Senhor poderia transformar pedras em pães. Na segunda vez, o Diabo, além de novamente pôr em xeque a divindade de Cristo, tentou semear no coração dele a dúvida sobre o cuidado do Pai, caso estivesse em perigo. Por último, o tentador inverteu os papéis, proclamou-se dono de todos os reinos do mundo e os ofereceu a Jesus. Em troca, queria que o Deus em forma humana, prostrado, o adorasse. Naquele momento, o Mestre usou com sabedoria da mesma arma que o Diabo usara — a Palavra de Deus —, mas com sua correta interpretação.

Quando penso em Jesus e sua vida aqui na terra, concluo que ele deve realmente ser nosso modelo de comportamento.

Sabemos que não seremos iguais a Cristo, mas o simples desejo de andar em seus passos e nos comportar como se comportou — sabendo que viveu aqui as mesmas ansiedades e dores que nós —, faz que estejamos próximos dele. E isso nos consola.

Claro que também há diferença entre atos isolados e estilos de vida. Alguém pode se embebedar um dia, o que deveria ser evitado, mas de qualquer forma é diferente do alcoolismo — uma doença — e da embriaguez contumaz. Em outra forma de ver a questão, imagine que alguém está fazendo dieta: em um determinado dia, essa pessoa perde o controle e come duas colheres de feijão. Tudo bem, não devia, mas duas colheres não vão destruir todo o trabalho em desenvolvimento. Imagine agora se, nos dias seguintes, a pessoa se lance vorazmente a devorar muitas conchas de feijão, até chegar a uma feijoada completa! Nesse caso, o problema torna-se mais sério. Quando falamos de pecado, um é suficiente para que a pessoa esteja errada, mas aqueles que acreditam na doutrina do pecado também devem acreditar na do perdão. Assim, tanto em dietas como nos Dez Mandamentos, é importante que uma ou duas falhas sejam vistas como acidentes e desafios de superação. As quedas devem ser reconhecidas e gerar arrependimento genuíno. O que se tem de evitar é uma sequência, uma prática deliberada de atos contrários aos mandamentos, uma continuidade ou conformidade com o erro.

O apóstolo Paulo enfatizou essa questão ao escrever uma carta para os cristãos que viviam na Galácia. Ele disse que aqueles que vivessem de acordo com a vontade do Espírito Santo não satisfariam os desejos da carne (Gl 5.16).Esse texto não afirma imperativamente que os leitores não deveriam satisfazer tais desejos, mas, na verdade, faz uma explanação em que diz que não o fariam aqueles que vivessem pelo Espírito. Já em Romanos 13.14, o apóstolo é enfático ao determinar que seus leitores não deveriam satisfazer os desejos da carne. Nesse caso há um imperativo: "... revistam-se do Senhor Jesus Cristo, e não fiquem premeditando como satisfazer os desejos da carne".

Quando falamos em mandamentos, a ideia deve ser a de não nos entregarmos reiteradamente à desobediência, mas também não podemos nos desesperar ou desanimar quando não atingimos a perfeição. Somente Deus é perfeito. Havendo falhas, elas devem ser objeto de reflexão, arrependimento e restauração — e o amor do Senhor nos permite isso.

Há uma diferença entre restauração e superação. Usei o conceito de *restauração* porque, biblicamente, o processo de redenção pressupõe uma ação que parte de Deus, uma iniciativa do Espírito Santo. Portanto, o homem é *restaurado*. Já *superação*, para alguns, atribui ao homem o mérito do feito, o que tornaria Deus um ente passivo nesse processo. Por outro lado, penso diferente: eu falo muito em superação, mas toda minha experiência de superação foi com a participação de Deus. Embora reconheça que é possível se superar sem a ajuda divina, eu sempre recomendo a todos contar com Deus.

Os Dez Mandamentos podem ser divididos em dois grupos:

- Verticais: os quatro primeiros, que se referem à relação do homem com Deus.
- Horizontais: seis mandamentos ligados diretamente à relação do homem com o próximo.

Essa constatação realça a característica básica do Decálogo: a intenção divina de, por amor, levar o homem ao amadurecimento e à construção de padrões mais desenvolvidos de relacionamento, não só espirituais, mas também sociais.

É interessante perceber ainda que, embora os quatro primeiros mandamentos sejam diretamente relacionados à área da espiritualidade, não são estatutos religiosos. Estão intimamente ligados à área moral e ética, ao convívio social. Ou seja, a intenção divina era se relacionar com seres humanos maduros e com padrões de comportamento que não visem apenas ao bem-estar pessoal, mas também ao do próximo.

Em certa oportunidade, Jesus foi questionado por um dos mestres da lei com a seguinte pergunta: "De todos os mandamentos, qual é o mais importante?". Cristo resumiu os dez em apenas dois:

> O mais importante é este: "Ouça, ó Israel, o Senhor, o nosso Deus, o Senhor é o único Senhor. Ame o Senhor, o seu Deus, de todo o seu coração, de toda a sua alma, de todo o seu entendimento e de todas as suas forças". O segundo é este: "Ame o seu próximo como a si mesmo". Não existe mandamento maior do que estes.
>
> Marcos 12.29-31

É importante observar que Jesus, em nenhum momento, diz que você deve amar a Deus *ou* o próximo. Os atos são complementares. Devemos amar a Deus *e* o próximo. Por isso, de nada serve ter uma vida religiosa regular, ir uma vez por semana ou mesmo todo dia à igreja e evitar usar o nome de Deus em vão se você não honra seus pais ou se cobiça a propriedade alheia. Autor de uma das cartas do Novo Testamento, Tiago chega a dizer que não adianta afirmar que amamos a Deus se não nos importarmos com um irmão necessitado de roupas ou alimento. Portanto, fica claro que o amor é a base dos mandamentos. E ele pressupõe obras para que seja relevante.

Embora divididos em dez, e passíveis de serem resumidos em apenas dois, toda a lei é complementar. Sem honrar seus pais ou respeitar seu próximo, você não honra a Deus, que os criou. Por outro lado, também não basta amar o próximo, colaborar financeiramente com instituições assistenciais, doar seu tempo distribuindo alimentos aos necessitados, o que popularmente conhecemos como "boas obras", se o seu coração não estiver voltado para Deus.

Aqui temos dois assuntos diferentes. Primeiro, fazer boas ações apenas para se sentir melhor não é a melhor proposta. Segundo, muito embora Deus goste de seus gestos de solidariedade e bondade, ele também quer um relacionamento pessoal com você. É como qualquer bom pai, que não deseja apenas que o filho se comporte bem, mas também que haja comunhão, conversa, interação, intimidade.

Muitas passagens bíblicas retratam a importância das boas obras, sempre relacionadas a uma vida ligada à espiritualidade, a Deus. Gosto muito de dois textos que resumem o que quero dizer. O primeiro foi escrito por Paulo para a igreja em Éfeso:

> Pois vocês são salvos pela graça, por meio da fé, e isto não vem de vocês, é dom de Deus; não por obras, para que ninguém se glorie. Porque somos criação de Deus realizada em Cristo Jesus para fazermos boas obras, as quais Deus preparou antes para nós as praticarmos.
>
> Efésios 2.8-10

O segundo é um trecho da carta enviada por Tiago para a Igreja que, devido à perseguição romana, começava a se dispersar pela Ásia Menor:

De que adianta, meus irmãos, alguém dizer que tem fé, se não tem obras? Acaso a fé pode salvá-lo? Se um irmão ou irmã estiver necessitando de roupas e do alimento de cada dia e um de vocês lhe disser: "Vá em paz, aqueça-se e alimente-se até satisfazer-se", sem porém lhe dar nada, de que adianta isso? Assim também a fé, por si só, se não for acompanhada de obras, está morta. Mas alguém dirá: "Você tem fé; eu tenho obras." Mostre-me a sua fé sem obras, e eu lhe mostrarei a minha fé pelas obras. Você crê que existe um só Deus? Muito bem! Até mesmo os demônios creem — e tremem!.

Tiago 2.14-19

As obras — e principalmente as boas obras — são um testemunho vivo da fé e do amor. Portanto, guardar os seis últimos mandamentos é um grande passo. Se você acha difícil observar os quatro primeiros, talvez por não querer se envolver com uma religião, não desista de tudo.

Primeiro, porque as orientações dos Dez Mandamentos nos levam a uma espiritualidade livre e que traz paz. Ou, melhor dizendo, seguir automaticamente, ou por medo, os Dez Mandamentos é muito mais difícil e leva apenas a uma religiosidade pesada e estéril. A proposta é que os mandamentos sejam ligados a um coração e a uma espiritualidade capazes de mudar seus conceitos e resultados, de forma a proporcionar alegria no cotidiano.

Em segundo lugar, porque — creio eu — só é possível amar alguém maltrapilho, vil ou mentiroso se virmos nele a expressão de Deus. Somente os amaremos se os virmos como seres criados e amados por Deus, pessoas como nós seríamos se não fossem a misericórdia e o amor divinos.

Jesus tinha absoluta consciência de que os Dez Mandamentos não são regras de um Pai turrão e autoritário, disposto a tirar todas as alegrias de suas criaturas. Ele não se daria ao trabalho maravilhoso da criação para povoar o planeta de gente triste — embora segui-lo não queira dizer que tudo sempre será um mar de rosas. Acredito, pessoalmente, que o Senhor gostaria que vivêssemos felizes — basta dar uma olhada na natureza, nosso planeta é um lugar lindo demais para ter sido feito por um Deus mal-humorado — embora a entrada do pecado na humanidade tenha tornado impossível viver plenamente feliz nesta vida. Mas a felicidade maior do ser humano é saber que tem o Senhor ao seu lado, como Jesus prometeu antes de subir ao céu: "E eu estarei sempre com vocês, até o fim dos tempos" (Mt 28.20).

Deus dá mostras de amar profundamente a sua criação. Ao ditar as palavras a Moisés, sua primeira expressão foi "Eu sou o SENHOR, o teu Deus". É uma declaração de amor do Pai aos seus. Naquele momento, em cima do monte, Moisés representava todo um povo que atravessou o deserto em almeja da liberdade, depois de um período de opressão e escravidão no Egito. E o que o Pai quer dizer com isso? Podemos imaginar, como fez Leonard Felder, o seguinte:

> Eu sou aquele que se preocupa com você. Sou aquele que está interessado em você. Sou aquele que olha você. Sou aquele que tirei você do cativeiro. [...] Quero caminhar ao seu lado, sempre para o melhor lugar, onde você possa se tornar cada vez melhor e mais livre.

Assim, não faz o menor sentido supor que o Criador libertou as pessoas para em seguida submetê-las a uma série de regras, que todos certamente desobedeceriam, para, com isso, morrer de culpa e tristeza a cada dia. Ele não criou os Dez Mandamentos para provocar estresse e tristeza, nem teve a menor intenção de usar o Decálogo para incentivar esses sentimentos negativos. Nada disso. A mensagem para toda a humanidade é outra, como podemos imaginar nesta paráfrase:

— Olha, eu tirei você da escravidão física, quebrei as correntes que prendiam seu corpo e, agora, quero que venha comigo para se livrar de outras e mais complicadas formas de escravidão. Você será liberto daquelas que não se veem, escondidas nas profundezas de si mesmo, porque eu sou o teu Deus. Quero tirar você de uma vida pequena, mesquinha, de uma visão curta, para que caminhe em direção à verdadeira liberdade. Então, proporei alguns desafios para que você rompa também os grilhões emocionais e psicológicos.

Esse apelo muda tudo. Os Dez Mandamentos ganham cores de palavras de incentivo, motivação, esperança e fé. Cada uma delas vinda daquele que está disposto a iluminar a escuridão de nossa jornada, as prisões internas que nós mesmos construímos, como terríveis armadilhas nas quais caímos todo o tempo sem perceber. Deus, que é Pai amoroso (não dos que mimam e criam filhos frágeis, incapazes de enfrentar a vida com energia e força), nos ofereceu, então, desafios!

É sob essa ótica que temos de olhar os Dez Mandamentos. Embora sejam ordenanças, temos de vê-los como desafios que oferecem a possibilidade de nos ajudar a amadurecer.

Sim, porque, onde não há desafios, o que existe é o marasmo, a água parada, a mesmice. Em última instância, o Decálogo nos mostra o sentido da vida. Nada, portanto, mais instigante, gratificante e revelador do amor de Deus.

Se você concluir que os mandamentos oferecem modelos mentais mais capacitados para gerar felicidade, naturalmente vai querer substituir as ideias antigas pelas novas. Como disse o filósofo grego Heráclito, "o primeiro problema para todos nós, homens e mulheres, não é aprender, mas sim desaprender".

Quando Deus nos sugere nos livrarmos dos velhos paradigmas, ou "desaprender" o que a sociedade ensina, estamos dando o primeiro passo. Vamos deixar de cobiçar, de viver correndo atrás de ilusões, furtar, ofender, fofocar e por aí vai. Em lugar desses velhos modelos (que, entre muitos nomes, a Bíblia chama de *pecado*) é preciso aprender a viver de forma diferente. Não é necessário apenas quebrar as velhas formas de ver a vida, mas também criar uma nova, ou seja, mentalidade e comportamentos inovadores, mais próximos do ideal de maturidade, iluminação ou perfeição a que somos chamados.

Para esse novo modelo há dois caminhos: um deles é sua evolução, sua reflexão e seu esforço — e estou convencido de que você tem toda a capacidade de mudar. O segundo é contar com a ajuda do próprio Deus que sugeriu esse novo modelo.

Esse "Deus libertador", que nos quer livres do pecado, oferece ajuda por intermédio de seu Espírito. A mesma Bíblia que apresenta os Dez Mandamentos também diz que o Espírito Santo se dispõe a nos acompanhar nesse processo de mudança. Não faria o menor sentido que o Criador libertasse as pessoas do pecado sem, em seguida, direcioná-las ao caminho correto.

Que regras você prefere seguir? As de Deus ou as da sociedade? Somos desafiados pelo Senhor a ter uma vida melhor do que tivemos sem ele. Os mandamentos não foram criados para gerar culpa e tristeza, mas para nos conduzir ao Cristo que gera harmonia e equilíbrio, conforme a boa medida do Deus que nos conhece profundamente. Em suma, seja por um caminho individual de aperfeiçoamento, baseado na análise racional dos conselhos oferecidos, seja em uma jornada iniciada como resultado da confiança no Senhor que quer nos libertar — e com a ajuda que ele oferece no dia a dia —, podemos enxergar nos Dez Mandamentos verdadeiros desafios proporcionados pelo amor de Deus. E que, se abraçados, tornarão muito melhores a nossa vida e a de toda a sociedade.

PARA SABER MAIS

Consciente de nossa resistência inata à graça, Jesus falou dela com frequência. Ele descreveu um mundo banhado pela graça de Deus: onde o sol brilha sobre bons e maus; onde as aves recolhem sementes de graça, sem arar nem colher para merecê-las; onde flores silvestres explodem sobre as encostas rochosas das montanhas sem serem cultivadas. Como um visitante de um país estrangeiro que percebe o que os nativos não percebem, Jesus viu a graça por toda parte. Mas Ele nunca analisou nem definiu a graça, e quase nunca usou essa palavra. Em vez disso, transmitiu graça por meio de histórias que nós conhecemos como parábolas.

Philip Yancey, em *Maravilhosa graça*

PARTE 2

Os Dez Mandamentos para uma vida melhor

CAPÍTULO 5
Não ponha nada no lugar de Deus

1º mandamento
Não terás outros deuses além de mim.

Êxodo 20.3

CHEGOU A HORA de refletir individualmente sobre cada um dos mandamentos. Abra a janela do seu coração para vislumbrar as diferentes paisagens que vão se descortinar em cada ponto da viagem. Para entendermos melhor o primeiro preceito do Decálogo, temos de nos fazer uma pergunta: quem gosta de dividir as atenções? Se você observar bem, vai reparar que, desde bebês, disputamos o carinho, os olhares, o colo, seja com os irmãos, seja até, entre o pai e a mãe.

É interessante pensar nisso a partir do fato de que fomos feitos à imagem e semelhança de Deus (Gn 1.26). O que isso quer dizer? O Senhor não nos criou como bonecos ou robôs. Não somos brinquedos nem fomos programados para servir um amo, como o gênio da lâmpada. Fomos criados com desejos, vontades e poder de decisão. O Criador sabe disso e tem prazer de interagir com a sua criação. Por isso,

O primeiro mandamento para uma vida melhor é ser fiel ao único Deus.

A exemplo do que propõe o psicólogo Leonard Felder, gostaria que iniciasse esta nova etapa da leitura olhando para dentro de si. Será que você poderia afirmar que não se desvia do caminho de Deus, seja por vícios que subtraiam sua capacidade de tomar decisões, seja por hábitos sedutores? Pois há pessoas tão dominadas por vícios que, para elas, o que vem em primeiro lugar em suas vidas — e, assim, toma o espaço que pertence ao Senhor — é a bebida ou algum outro tipo de droga. O bar pode ser sua "igreja" e os companheiros de balcão, os "fiéis". E o desejo de tomar uma nova dose fica cada vez mais forte do que o de voltar para casa, encontrar a família e buscar soluções para esse problema.

Você pode alegar que nunca se envolveu com drogas ou bebida. Ótimo. Mas existem outros vícios. Há pessoas que transformam algo bom e saudável, como o sexo —uma expressão de amor e alegria — em uma compulsão. Com isso, o que é prazeroso vira um fardo pesado e sem controle. Um vício, em vez de uma celebração.

Um dos equívocos mais comuns é pensar que Deus nos impôs regras quase impossíveis de serem cumpridas com a finalidade de nos punir em razão de desobediência. Pelo contrário, se ele propôs selar uma aliança conosco é porque tem pleno conhecimento de que podemos cumprir cada uma de suas determinações. E, ao fazê-lo, nós é que mais temos a ganhar com isso.

O problema é que, diante da primeira dificuldade, geralmente temos vontade de fugir. Foi assim com Adão e Eva, que acreditaram poder se esconder de Deus. Assim acontece com quem se afasta dos amigos quando a culpa por ter falhado o atormenta e rouba a paz.

Se Deus quer de nós uma relação de fidelidade, é possível pressupormos que também deseja se comunicar conosco. Para isso, o primeiro desafio é falar diretamente com Deus, em um relacionamento íntimo e pessoal. A partir do momento em que desenvolvemos esse tipo de comunicação de mão dupla — nos expressando e ouvindo o que Deus quer nos falar — não precisamos que nada nem ninguém se intrometam com palpites ou ações capazes de pôr em risco essa ligação sobrenatural.

Um novo adesivo para o seu carro

Muitas pessoas se comovem durante cerimônias de casamento. Os noivos cuidam de cada detalhe nos meses que antecedem o dia tão aguardado. Quando o casal faz um pacto de fidelidade na hora dos votos, ninguém acha estranho (ou ao menos não deveria!) quando os cônjuges cumprem a fidelidade prometida. Da mesma forma, não há nada errado com o fato de o Pai celestial ansiar por uma relação direta conosco, marcada por transparência e fidelidade. É isso que ele espera de nós!

Se você é casado ou está namorando, nunca vai aceitar alguém para intermediar essa relação. Ao contrário, toda vez que alguém interfere, a tendência é que surjam conflitos (uma boa lição para algumas sogras). Por isso Deus quer ter um relacionamento direto com seus filhos. Nesse ponto, você poderia perguntar: "Afinal, por que um ser onipotente, onisciente e onipresente, criador de todo o universo, quer manter uma relação de amizade e fidelidade comigo?".

A resposta para essa questão está nas Escrituras. Os relatos bíblicos nos mostram que Deus amou cada ser humano de uma forma tão incrível que enviou seu único Filho ao mundo com uma missão superespecial: restaurar o relacionamento do Senhor com a humanidade, rompido pelo pecado. Na forma de homem, Jesus sofreu todo tipo de desprezo e dor e, ao final, entregou sua vida para que cada um de nós pudesse ter acesso direto ao Pai. Por meio do sacrifício de Cristo, nossa vida é transformada em suas três dimensões: ele perdoa e apaga nossas transgressões do *passado*, nos concede vida abundante no *presente* e promete que viveremos com ele por toda a eternidade. Quer melhor *futuro* do que esse?

O amor é a resposta que traduz o anseio divino por um relacionamento com seus filhos. Essa qualidade de amor por vezes é incompreensível dentro da nossa limitada imaginação. É por esse motivo que, para estabelecermos uma relação de fidelidade com Deus, é preciso, em primeiro lugar, sermos sinceros. Como afirmou a religiosa e escritora espanhola Teresa de Ávila: "Ó Deus, não te amo, nem mesmo quero amar-te, mas desejo querer amar-te!".

Muitos carros estampam um adesivo com a frase *Deus é fiel*. Essa é uma verdade incontestável e bastante repetida. Porém, quantos de nós teríamos coragem de pôr um adesivo no automóvel com a expressão *Eu sou fiel a Deus*? Desconfio que não seria um grande sucesso de vendas. Recentemente, um amigo me disse que seu maior sonho era ser aprovado por Deus. Bonito, isso. Ele é alguém que queria não só as bênçãos, mas também se apresentar com um padrão de mente, coração e conduta compatíveis com a divindade.

Você tem ídolos? Falar sobre idolatria usualmente nos remete à imagem de fiéis prostrados, em devoção sincera, diante de imagens de escultura. Na prática, essa é apenas a manifestação cuja identificação é mais imediata e recorrente. Existem outras formas de idolatria bem sutis que, por isso, não são tão rechaçadas pela maioria das pessoas.

Um dos grandes defeitos comuns na sociedade é criar definições pomposas para camuflar problemas óbvios. O marido que fica até tarde no serviço e só tem contato com os filhos no final de semana diz que está "construindo o futuro da família". Ausente e míope, não se dá conta de que, aos poucos, o trabalho pode se tornar um deus em sua vida. Afinal, no ambiente profissional ele é reconhecido, respeitado e exerce autoridade sobre as pessoas. E é mais fácil conseguir isso na rua do que em casa, onde não é possível estar sempre com "roupa de festa". Cada posição conquistada na carreira vai requerer mais dedicação e tempo, em um ciclo vicioso marcado por ambição, ganância e egoísmo. Quem transfere para o trabalho a falsa sensação de segurança, conferindo à vida profissional o domínio da sua vida pessoal, tem outro deus, que guia o seu pensamento, a sua forma de agir e a sua maneira de falar.

Podemos listar outros candidatos potenciais a ocupar o primeiro lugar em nossa curta passagem por este mundo: dinheiro, fama, poder, sexo, o cônjuge, um filho ou uma filha, o time de futebol e até mesmo a religião. O rol de possibilidades é quase infinito. Tudo aquilo que passa a dominar sua vida, desviando a atenção de um relacionamento íntimo com Deus, passa a ser o seu deus.

Em uma relação conjugal, os cônjuges jamais gostariam de ser menos importantes do que as finanças. Pelo mesmo raciocínio, poucas esposas aceitariam passar todas as tardes de domingo trancadas em casa porque o marido não admite perder um jogo do seu time. De igual modo, Deus também não quer ocupar uma posição secundária em sua lista de prioridades. Dono de grande fortuna, o salmista Davi dizia: "Eu sou pobre e necessitado". Será que ele exagerou na força de expressão? Como o rei de Israel, com os cofres lotados de tesouros preciosos, podia fazer uma declaração dessas? A afirmação faz todo sentido quando lembramos que ele também disse: "Não garanto para mim saúde e felicidade, eu preciso de alguém, por isso sou pobre".

Outro deus bastante comum é a conta bancária. Confesso que já houve momentos em que almejei ter determinada quantia em minha conta, para que me proporcionasse rendimentos mensais e, assim, a tão sonhada tranquilidade financeira. Pensava que só assim me sentiria seguro e realizado, mas o tempo me ensinou que isso era tolice. Não quero dizer que seja errado poupar. No entanto, o importante é que isso não seja o objetivo máximo da vida. O que nos dá tranquilidade e paz interior não é o saldo na conta bancária, mas sim *Jeovah-Jireh*, o termo hebraico utilizado no relato bíblico de Abraão (Gn 22.14) para descrever a realidade de que "o Senhor proverá".

Para quem classifica o dinheiro como fonte de segurança e não apenas como parte da vida, ter riquezas pode ser pior do que não ter. Contudo, se seu coração e sua mente mantêm a fidelidade ao Senhor de toda prata e de todo ouro, não há problema em que o dinheiro venha, certamente com a ajuda do alto. É preciso estar pronto para confiar em Deus e não no crédito disponível ou na quantidade de ações que rendem dividendos para você. O saldo positivo pode desaparecer de uma hora para outra, mas Deus sempre estará presente!

Quimera *versus* realidade

Existem ainda pessoas que sacrificam tudo para alcançar fama pessoal, com o objetivo de ser o alvo das atenções. Aspirantes a "semideuses", desejam se tornar "bezerros de ouro" para ser alvo da admiração de todos. A fama pode trazer dinheiro, reconhecimento e muita gente por perto, precipitadamente chamados de "amigos". Contudo, esses benefícios são frágeis e fugazes. Quem é capaz de se lembrar do nome dos participantes dos diversos *reality shows* que já foram exibidos na televisão?

Há quem não consiga viver bem se não tiver seus "quinze minutos de fama". Há também quem nunca consiga ser feliz depois de beber do copo da notoriedade e vê-lo se esvaziar. Quantos artistas, atletas e políticos vivem apenas das lembranças do passado, sem aproveitar o dia de hoje?

Outro exemplo interessante é o homem perfeito que mulheres procuram incessantemente mas só existe na imaginação delas. Idealizado e, por isso mesmo, surreal, esse espécime de homem deve preencher uma série de requisitos, como a cor dos olhos, o tipo de cabelo, a estrutura corporal, o jeito de falar e raciocinar; enfim, tudo como em uma receita de bolo. Para muitas, ele ainda precisará ser rico, famoso, poderoso, um grande atleta ou cantar bem, com voz perfeita e afinada. Também será útil se for pianista e souber pelo menos três idiomas. E, enquanto esse "deus grego" não se materializa exatamente como foi idealizado, algumas mulheres não se dão o direito à felicidade, sempre debruçadas na janela da vida esperando por um príncipe cuja existência se resume apenas aos contos de fadas.

Não menos complicada é a situação de quem considera seu par constante ou cônjuge nada menos que uma divindade, tamanho o pedestal em que põe o alvo de sua adoração. Até mesmo a relação do casal está em risco, fadada mesmo ao fracasso, porque ninguém chega a um nível tão elevado de perfeição. À menor falha detectada, fica bem claro que aquele ídolo tem "pés de barro". A relação doentia tem tudo para virar poeira.

Após examinar muitos exemplos, é possível compreender o valor terapêutico das palavras de Deus em cada mandamento. O preceito "Não terás outros deuses além de mim" pode salvar relações amorosas, porque evita que os casais construam a base de sua proximidade em perfeições inexistentes. É como se Deus dissesse "não ponha tanto peso sobre os ombros de seu cônjuge", pois ele sabe onde isso em geral acaba.

Nada de idolatrar seres humanos, com suas falhas e seus deslizes. Ninguém é Deus, senão o próprio: nem o cônjuge, a conta bancária, o trabalho, o lazer, os bens de consumo, a fama, o poder ou o que for. Aposente de vez a imagem equivocada de um Pai celestial ciumento e possessivo, que deseja de forma egoísta adoração apenas para ele. Na verdade, temos um Deus que ensina a dar o valor exato às coisas e não pôr sobre nada nem ninguém a dificílima tarefa de ser divino. Ele é Deus único e insubstituível.

Como disse o advogado e jornalista Barbosa Lima Sobrinho, "a fidelidade é uma virtude que enobrece a própria servidão". Espero que você responda positivamente ao mandamento divino, na certeza de que essa decisão elevará sua vida espiritual a um novo patamar. Você vai constatar como é gratificante ter um relacionamento íntimo com Deus, descartando cada uma das divindades que aparecem ao longo da vida com o intuito de desempenhar esse papel, mas que são incapazes de fazê-lo.

PARA SABER MAIS

De muitas maneiras, somos como pessoas que passaram a enxergar longe e que estão compreensível e legitimamente empolgadas com a quantidade de detalhes que somos agora capazes de ver, por conta dos nossos novos óculos (ciência secular), do que jamais vimos antes de usá-los. O problema surge quando a nossa empolgação com a nossa nova clareza de visão nos leva a ficarmos impressionados demais com nós mesmos, com o nosso progresso, com o nosso avanço, nossa tecnologia, nossa grande visão — tão impressionados, que nos tornamos incapazes de ter nossa visão posta à prova. Tornamo-nos incapazes de aceitar a possibilidade de que a nossa receita atual — dada a nós pelo mundo científico moderno e secular — nos tenha cegado para algumas coisas grandes, embora nos tenha ajudado a ver outras, menores; que distorcesse e borrasse coisas que estão a determinada distância, embora as tornasse mais nítidas em outras circunstâncias; feito com que algumas coisas desaparecessem da nossa visão, mesmo tendo trazido outras à tona.

Agora, ao entrarmos no período pós-secular, talvez sejamos capazes de enxergar que, por mais maravilhosa que a nossa educação científica tenha sido, é hora de abandonarmos o nosso dogmatismo fundamentalista e de abrirmos os nossos olhos novamente, com o intuito de olharmos para as partes da vida que não podem ser plenamente explicadas pela abordagem da causa-efeito (embora elas possam ser explicadas ao menos parcialmente). O assombro então vai começar a voltar, ao reconhecermos que, afinal, o propósito, o projeto, o significado e o padrão têm o seu lugar. Essa nova visão é a descoberta da fé.

Brian McLaren, em *Em busca de uma fé que é real*

Dicas para uma vida melhor

- Seja fiel a Deus.

- Se você acredita em Deus, deixe-o desempenhar o que lhe é natural, cultive essa amizade e faça a sua parte.

- Não sobrecarregue os ombros de nada nem ninguém com a tarefa (impossível) de ser a divindade.

CAPÍTULO 6
Aprenda a lidar com um Deus que é espírito e invisível

2º mandamento
Não farás para ti nenhum ídolo, nenhuma imagem de qualquer coisa no céu, na terra, ou nas águas debaixo da terra. Não te prostrarás diante deles nem lhes prestarás culto, porque eu, o S ENHOR, o teu Deus, sou Deus zeloso, que castigo os filhos pelos pecados de seus pais até a terceira e quarta geração daqueles que me desprezam, mas trato com bondade até mil gerações aos que me amam e obedecem aos meus mandamentos.
Êxodo 20.4-6

N OSSA VIDA É repleta de símbolos. Nossas roupas, por exemplo, trazem nas etiquetas ícones que nos permitem entender a forma correta de lavá-las ou passá-las. Nas ruas há símbolos que determinam se andamos, paramos, viramos à esquerda ou à direita ou se é proibido estacionar. No saguão de um prédio, eles nos orientam se chamamos o elevador para descer ou subir. Isso sem mencionar a internet, na qual os símbolos cada vez mais substituem palavras. Diante disso, por que a Bíblia especifica como um problema as imagens, os símbolos?

Em primeiro lugar, é importante estarmos conscientes de que Deus é espírito. O povo de Israel enfrentou um problema sério nessa área quando decidiu fazer um bezerro de ouro para adorar devido à demora de Moisés em retornar do monte em que tinha subido para falar com Deus. Devemos observar que o bezerro de ouro não foi apenas um objeto feito para receber culto. A intenção do povo era que ele se tornasse seu novo deus e o guiasse (Êx 32.1). Ou seja, o bezerro desempenharia o papel que Deus havia desempenhado até então, ao conduzir o povo pelo deserto.

Se no primeiro mandamento Deus requer de nós exclusividade e a compreensão de que ele é o único que há, no segundo atrai para si todo o foco de culto e de adoração.

Quero ver tua face

O ser humano tem uma grande necessidade de materializar seus desejos, anseios e crenças. É nesse ponto que corre o risco de submergir na superstição. No livro *Teologia concisa*, J. I. Packer afirma: "A Escritura é rigorosa a respeito do mal de praticar a idolatria. Os ídolos são escarnecidos como ilusórios, não existentes, mas escravizam seus adoradores em uma superstição cega, que significa infidelidade perante Deus".

Durante seu ministério na terra, a presença física de Jesus arrebatou muitos seguidores. Porém, após sua morte, embora cientes da promessa da ressurreição, muitos abandonaram a fé e voltaram para suas atividades normais. Isso é apenas uma das provas de que o ser humano tem o anseio claro de basear sua fé em algo visível, concreto. Foi assim com os discípulos que esperavam Jesus. Foi assim com o povo que esperava Moisés. Sem paciência e com visão limitada, é mais provável que façamos a opção por caminhos mais fáceis e óbvios. É o que os israelitas fizeram ao erguer o bezerro de ouro. Preferiram se prostrar diante de um ídolo de metal em vez de acreditar que Deus não os abandonaria nunca. Eles não conseguiram lidar com uma divindade invisível.

Condenamos a atitude deles, mas muitas vezes também sucumbimos diante de soluções aparentemente mais palpáveis. Em muitas ocasiões, imaturamente deixamos de depositar toda a confiança em Deus porque não o vemos. Queremos manter tudo sob controle, quem sabe até erguendo outros tipos de imagens, lembrando o hábito dos pagãos.

Erra quem só vê essa atitude na confecção de uma imagem de escultura. Há cristãos de várias correntes exigindo que Deus se materialize, fale, responda ou arrebate, isto é, que aja de modo visível. Outros, na ausência de uma materialização clara e constante, se valem de uma almeja alucinada por sinais, milagres, profecias ou manifestações do gênero. De um jeito ou de outro, muitos cristãos têm dificuldade para lidar com um Deus que é espírito e muitas vezes fica em silêncio.

Por que Deus se cala? Não sabemos ao certo, mas ele o faz. E querer entender isso seria almejar que nossa mente finita pudesse conter a mente infinita do Senhor. Encontramos exemplos desse anseio por toda parte, como na música do cantor Andy Park, *In the Secret* [Em secreto], em que manifesta esse desejo de conhecer Deus mais intimamente:

I want to know you. [Eu quero te conhecer.]
I want to hear your voice. [Eu quero ouvir tua voz.]

I want to know you more. [Eu quero te conhecer mais.]
I want to touch you. [Eu quero te tocar.]
I want to see your face. [Eu quero ver a tua face.]
I want to know you more. [Eu quero te conhecer mais.]

Na mesma linha, um exemplo mais conhecido seria a canção *Quero te ver*, interpretada pelo músico irlandês radicado no Brasil David Quinlan:

Abra os olhos do meu coração.
Abra os olhos do meu coração.
Quero te ver, quero te ver, Senhor.
Exaltado e bem alto, brilhando a luz da tua glória.
Derrame seu amor e poder, pois tu és santo, santo, santo.
Santo, santo, santo, santo, santo, santo,
santo, santo, santo, quero te ver.
Quero te ver, quero te ver.
Eu quero te tocar, eu quero te abraçar.
Quero te ver.

Mas será possível ouvir a voz de Deus, tocá-lo ou ver sua face? No livro *O Deus (in)visível*, o escritor Philip Yancey afirma: "Em nenhum lugar da Bíblia encontro a promessa de que tocaremos Deus ou veremos sua face, pelo menos não nesta vida". Eu, William, posso dizer que já senti o toque do Senhor muitas vezes, como Andy Park e David Quinlan exprimem nas músicas que cantam.

A meu ver, é muito claro que o próprio Senhor, durante toda a existência dos seres humanos, se fez presente nas relações com sua criação. No Éden, o Criador passeava pelo jardim e se comunicava com Adão e Eva. Ele selou uma aliança com a humanidade após o dilúvio por meio de um arco-íris. Guiou o povo de Israel pelo deserto com uma coluna de fogo, à noite, e uma nuvem, durante o dia.

Talvez o problema não seja a imagem em si, pois a Bíblia é repleta de simbologias maravilhosas: a rocha, a cruz, a água da vida, a ceia do Senhor. O problema ocorre quando criamos uma imagem e fazemos dela objeto de culto e veneração, desviando nossa atenção de Deus e fazendo amuletos a partir de simples criações humanas. Gostaríamos de nos relacionar com um Senhor visível e que falasse conosco todos os dias por meio de milagres e sinais. Por não ver Deus nem Moisés, o povo inventou uma solução visível. E você, o que faz quando não percebe a presença ou a atenção do Senhor do jeito que gostaria?

Ficamos angustiados pensando em como resolver os problemas futuros, quando é o presente que deve ser vivido em toda a sua plenitude, com a certeza de que Deus não nos faltará em nenhum momento. Essa é a promessa maravilhosa que Jesus nos deixou!

Um dos momentos em que Deus mais se calou ao longo da história foi durante o Holocausto nazista. Não se sabe ao certo se é fato ou ficção, mas comenta-se, como registrado por Zvi Kolitz no livro *Yossel Rakover dirige-se a Deus*, que foram encontrados os seguintes dizeres em um porão onde um grupo de judeus teria ficado escondido durante toda a Segunda Guerra Mundial, na cidade de Colônia (Alemanha): "Creio no sol, mesmo que ele não brilhe. Creio no amor, mesmo que eu não o sinta. Creio em Deus, mesmo quando ele se cala". Nós nem sempre temos essa capacidade. Às vezes, quando Deus se cala, mesmo cristãos de todas as tradições acabam construindo bezerros ou brinquedos para, em sua imaturidade, substituir o Senhor ou fazê-lo aparentemente mais visível ou presente.

Deus usa as circunstâncias para seu crescimento e de outros

Ao lançar o desafio "não farás para ti nenhum ídolo", Deus sabe que não adianta você se entregar ao que não lhe proporcionará nada. Apenas ele tem a capacidade de agir em seu favor e de usar sua vida para ajudar outras pessoas, nenhuma estátua de escultura é capaz de fazer isso. Só que, nesse sentido, é essencial lembrar que o Senhor não age sempre da maneira que esperamos, mas tem seus próprios caminhos — e pede que tenhamos confiança nele, mesmo quando não entendemos o momento que enfrentamos.

São inúmeras as situações em que não conseguimos compreender os propósitos divinos, como a morte de alguém que amamos, a perda do emprego, uma doença na família, uma traição grave ou uma injustiça sofrida. Por vezes, as dificuldades subtraem nossa motivação e a falta de coragem impede que continuemos a trilhar os caminhos do Pai. Só que não podemos permitir que nossa existência seja guiada pelo que vemos ou sentimos. O aparente silêncio de Deus jamais significa que ele está longe de nós.

O pregador Charles Spurgeon disse que "muitos devem a ressonância de seu triunfo às dificuldades encontradas". Devemos estar com os ouvidos abertos para escutar as lições que Deus deseja nos transmitir durante as crises que nos sobrevêm. Em Mateus 10.30, Jesus afirma que "até os cabelos da cabeça de vocês estão todos contados", para ressaltar a preocupação divina com cada detalhe de nossa vida.

Muitas vezes nos comportamos com Deus como se fôssemos crianças mimadas. Se o pai não dá tudo o que quer, ela faz pirraça, chora e diz "eu não gosto mais de você". No entanto, sob o prisma divino, determinadas situações são oportunidades de aperfeiçoamento e amadurecimento. Quando levo meus filhos pequenos à praia, eles brincam à vontade na areia e na parte rasa do mar. Fico atento, mas deixo que levem alguns tombos, para que desenvolvam seu próprio equilíbrio. É preciso que aprendam a lidar com os desafios naturais a cada etapa de seu crescimento. Procuro antever o tamanho da queda, para que não se machuquem ou, ao menos, que só se machuquem o suficiente para aprender a lidar com as ondas do mar.

O silêncio de Deus cumpre a mesma função em nossa trajetória. Ele está perto, pronto a nos acudir caso venha uma onda maior para nos tragar. Contudo, os tombos pequenos frequentemente fazem parte de seu projeto de nos tornar maduros e responsáveis. O Senhor pode, sim, deixar você sentir-se só, mas estará sempre presente. Talvez não responda a seus pedidos para eventuais mudanças de circunstâncias, porque justamente as que estão à sua frente são as que vão proporcionar o seu crescimento. Quando Deus não muda as circunstâncias, é possível que queira mudar você!

Ou treinar você. Em Gênesis, a partir do capítulo 37, a Bíblia nos conta a história de José, um homem que tinha sonhos proféticos bem desagradáveis a seus irmãos. Eles quiseram matá-lo, mas terminaram por vendê-lo como escravo. Agindo sempre com retidão, José se tornou o principal empregado de Potifar, oficial do faraó e capitão da guarda. Ao recusar-se a adulterar com a esposa dele, terminou sendo injustamente lançado na prisão. Lá, mais uma vez agiu corretamente e sob a bênção de Deus, mas foi esquecido por todos, mesmo por aqueles a quem ajudou. Certamente José tinha bons motivos para reclamar do Senhor e das circunstâncias em que se encontrava, que se tornavam cada vez piores. Mas a Bíblia não relata isso. Pelo contrário, essas circunstâncias aparentemente indicativas de um Deus ausente ou ineficiente foram usadas pela divindade como forma de preparar José para ser o homem mais importante do Egito depois do faraó.

Ao administrar uma casa rica, José aprendeu a lidar com a riqueza, a abundância e a opulência. Depois, numa ordem cronológica perfeita, ele administra a pobreza, a miséria e a escassez. Se José fosse para a prisão antes de ir para a casa de Potifar, dificilmente aprenderia quanto havia de desperdício nos momentos de riqueza e prosperidade. O fato é que José estava sendo treinado para administrar o Egito durante sete anos de fartura e sete anos de fome, como nos conta a Bíblia. Deus passou uma grande parte da vida de José treinando-o para uma missão importante.

Além de usar as circunstâncias para o seu amadurecimento, pode ser que Deus não as mude por outro motivo. É possível que ele queira usar sua vida de algum modo. Todo técnico de futebol sabe que, em determinados momentos da partida, precisa de um jogador com uma característica diferente. Um que saiba marcar melhor ou que seja mais habilidoso ao cobrar pênaltis. No grande jogo da vida, algumas vezes o grande técnico precisa que alguém do time dele realize uma missão.

Você se sentiria honrado em ser chamado por Deus para algum propósito? Em ser escalado por ele para jogar uma partida ou para as Olimpíadas da existência? Pois Deus se interessa em ajudar, mesmo nas piores circunstâncias —

aquelas que a raça humana sabe criar como ninguém. E é capaz que você esteja ali para jogar pelo time celestial. O Senhor pode estar usando você com algum propósito em meio às circunstâncias. Nessas horas, é comum Deus lançar mão de um filho para ajudar outro.

O capítulo 16 do livro de Atos dos Apóstolos relata que, em certa ocasião, Paulo de Tarso foi preso injustamente. A leitura nos mostra que Deus o conduziu à prisão para ajudar o carcereiro. Em vez de vociferar contra o Senhor ou ficar murmurando por sua situação, Paulo cantava louvores e falava do amor de Deus, mesmo nas circunstancias difíceis em que estava. Isso mudou o ambiente daquela prisão e a vida de quem estava lá. Paulo foi um grande artilheiro do time celestial. E você também está convocado para jogar nessa equipe.

Perto está o Senhor

O teólogo Gregório de Nissa, que fez parte do grupo conhecido como pais capadócios, nos alertou no século 4 para o risco de criarmos uma imagem mental fictícia de Deus, que equivaleria a um ídolo. Ele escreveu:

> Somente a admiração conhece verdadeiramente. Os conceitos produzem os ídolos. Não ídolos no sentido de imagens de escultura, mas no sentido de imagens falsas de Deus, falsos conceitos sobre Deus, ideias provenientes da imaginação, ficção a respeito de Deus, que não correspondem à realidade de Deus mas são tomadas como se correspondessem.

Quando prevalece nossa necessidade de tornar Deus palpável, seja em uma escultura, seja tratando como se fosse uma divindade algo ou alguém que amamos (casamento, posição importante na empresa, bens materiais ou o que for), passamos a idolatrar um objeto e deixamos de lado um dos principais ingredientes da espiritualidade: a fé. E, para dar combustível à nossa fé, é necessário viver um relacionamento de intimidade com Deus. Em *Ouvindo Deus*, o escritor e filósofo Dallas Willard afirma:

> Ouvir a Deus só será um fato confiável e inteligível em nossa vida *se* virmos suas palavras como um dos aspectos de sua presença conosco. Só a *comunhão* com Deus fornece o contexto apropriado para nossa *comunicação* com ele.

Ou seja, a partir do momento em que conseguirmos nos relacionar direta e unicamente com o Senhor será completamente desnecessária a utilização de artifícios para representá-lo de forma material.

O relacionamento com Deus jamais pode ser uma almeja de troca. Venerar uma imagem como forma de permutar adoração por recuperação física, um casamento ou até mesmo um dia sem dificuldades não é o plano do Pai para seus filhos. Jesus nos ensina que Deus é pai daqueles que a ele entregam sua vida. Um pai não ficaria nada satisfeito em ouvir do filho apenas reivindicações de aumento da mesada, um carro novo ou mais dinheiro para ir ao cinema no final de semana com a namorada. Uma lista de desejos fica mais apropriada para um pai imaginário, o Papai Noel. Todos os pais desejam manter com os filhos um relacionamento de cumplicidade, amor e confiança. É esse tipo de relação que Deus quer ter conosco, sem a necessidade de intermediários.

Para aqueles que, a despeito de tantos argumentos, ainda desejam vislumbrar a materialização do divino, é importante lembrar que talvez ele esteja mais próximo do que se imagina. O próprio Jesus — que foi Deus de maneira palpável e visível quando caminhou sobre a terra — disse que, quando retornasse, ouviria de muitos:

"Senhor, quando te vimos com fome ou com sede ou estrangeiro ou necessitado de roupas ou enfermo ou preso, e não te ajudamos?" Ele responderá: "Digo-lhes a verdade: O que vocês deixaram de fazer a alguns destes mais pequeninos, também a mim deixaram de fazê-lo".

Mateus 25.44-45

O verdadeiro Deus é espírito, portanto, não cabe em um desenho ou em uma imagem. Ele se manifesta por meio da natureza, das pessoas, da sua Palavra e, também, do silêncio. Que ele amplie a nossa sensibilidade, para que possamos vê-lo sempre que tivermos a possibilidade de suprir a carência de alguém que está sofrendo bem perto de nós. Pois ali certamente está o Senhor.

PARA SABER MAIS

No Antigo Testamento, crentes fiéis como Jó e seus amigos assustavam-se quando acometidos pelo sofrimento, pois com certa razão contavam que Deus os recompensaria com prosperidade e saúde. O livro de Jó significa um passo adiante da "fé por contrato" pressuposta na maior parte do Antigo Testamento. Faça o bem e será abençoado; faça o mal e será punido. Muitos estudiosos creem que o livro de Jó foi uma ajuda fundamental para ensinar Israel a lidar com a série de calamidades que se abateram sobre a nação. Essa história clássica sobre uma pessoa trouxe à tona questões que perseguiam toda a nação: Como é possível que "o povo escolhido" de Deus sofra tantos infortúnios? Jó concentra-se, de fato, no problema do sofrimento, mas de maneira totalmente inesperada. O livro consegue postular brilhantemente as perguntas mais frequentes que fazemos, e aí muda de rumo ao propor uma forma bem diferente de enxergar o problema. Como a maior parte do Antigo Testamento, Jó primeiro frustra ao rejeitar as repostas simples que cremos necessárias e depois nos satisfaz de forma estranha ao mostrar uma nova direção marcada pelo flagrante realismo e um vislumbre quase inatingível de esperança".

Philip Yancey, em *A Bíblia que Jesus lia*

Dicas para uma vida melhor

- Se Deus se calar, apenas confie.

- Se Deus não muda as circunstâncias, pode ser que deseje sua mudança — seu crescimento, aprendizado e amadurecimento.

- Muitas vezes, Deus não muda uma situação porque deseja que alguém do time dele participe de determinada circunstância, para um bem maior. Talvez você seja essa pessoa.

- Embora Deus possa realizar seus propósitos por meio de ministros e anjos, ele aprecia a ideia de conversar diretamente com você.

CAPÍTULO 7
Faça valer sua palavra

3º mandamento
Não tomarás em vão o nome do SENHOR, o teu Deus, pois o SENHOR, não deixará impune quem tomar o seu nome em vão.

Êxodo 20.7

PENSE EM ALGUÉM que você admira bastante. Agora, imagine que você está em uma festa em que alguém não saiba do seu relacionamento com essa pessoa e, durante a conversa, comece a maldizê-la, referir-se a ela de forma jocosa e atribuir-lhe defeitos inexistentes. Qual seria a sua atitude? Permaneceria calado? Ou concordaria e até aproveitaria para também falar mal? Ou, ainda, tentaria defender esse indivíduo que admira, listando qualidades e procurando convencer seu interlocutor de que está errado?

Outra situação: o que você faria se descobrisse que seus colegas na empresa estão comentando que você não trabalha bem, sempre chega atrasado — mesmo que seja o primeiro a chegar e o último a sair, cumpra todos os prazos e esteja sem tirar férias devido ao acúmulo de tarefas?

Essas duas situações têm algo em comum: o nome, a moral, a identidade da pessoa. Como disse o escritor mexicano Octavio Paz, "perder nosso nome é como perder nossa sombra; ser somente nosso nome é reduzirmo-nos a ser sombra".

Quando Deus pede que valorizemos e respeitemos o seu nome, não podemos entender como uma atitude arbitrária e que revela traços de autoritarismo, vaidade ou orgulho próprio. Na verdade, é como se ele dissesse: "Você me ama? Então proteja meu nome, minha identidade, minha história".

Como desrespeitamos o nome de Deus? Por exemplo, é muito comum alguém "jurar por Deus". Acredito que, se as pessoas sabem que temos palavra, não precisamos nos valer da "fiança divina". Desde a mais simples até a mais complexa promessa, todas têm o mesmo peso. Recorrer a esse tipo de expediente apenas confirma nossa falta de seriedade. Muitas pessoas são capazes de "jurar por Deus" como instrumento de retórica, porque já falharam tantas vezes que ninguém mais acredita nelas. É o que acontece, por exemplo, com um pai que vive dizendo ao filho que vai levá-lo para passear, mas essa ocasião nunca chega. Desacreditado, começa a "jurar por Deus" que vai honrar sua palavra. O nome divino não terá crédito nem para o menino nem para o pai.

Quando Deus nos desafia a não jurar, pronunciando seu nome em vão, enfatiza para todos o valor da palavra de cada um de nós. O evangelista Mateus registra um alerta de Jesus sobre juramentos, no sermão do monte. O Mestre determina aos discípulos:

"Vocês também ouviram o que foi dito aos seus antepassados: 'Não jure falsamente, mas cumpra os juramentos que você fez diante do Senhor'. Mas eu lhes digo: Não jurem de forma alguma: nem pelos céus, porque é o trono de Deus; nem pela terra, porque é o estrado de seus pés; nem por Jerusalém, porque é a cidade do grande Rei. E não jure pela sua cabeça, pois você não pode tornar branco ou preto nem um fio de cabelo. Seja o seu 'sim', 'sim', e o seu 'não', 'não'; o que passar disso vem do Maligno."

Mateus 5.33-37

Não devemos ter meias-palavras. Tudo o que sair de nossa boca deve ser autêntico e verdadeiro. Ninguém jamais duvidará da veracidade da intenção, desde que nossas atitudes mostrem que cumprimos o que prometemos. Quem usa o nome de Deus para ser digno de confiança é porque não é digno de confiança, *ainda*.

Avalista ou carrasco celestial

Deus nos desafia a não nos valermos desnecessariamente de seu nome. É como se, em vez de o tratarmos como nosso Pai e amigo, o usássemos como justificativa ou desculpa para algo de nosso interesse pessoal. Você já parou para pensar em quantas guerras foram feitas em nome do Senhor? E há quem ainda chame essas guerras de "santas" — o que, ao nosso ver, também é tomar o nome divino em vão: usar o nome de Deus para justificar seus atos. Em geral, as guerras "santas" têm outras motivações. O nome de Deus só aparece para dar legitimidade a esses conflitos. Com consequências funestas, esses embates sangrentos mancharam indelevelmente inúmeras páginas da história. Cada vez que isso ocorre, ergue-se um muro de rejeição em torno de Deus. Muitos têm o coração surdo aos apelos do Pai como resposta ao uso beligerante que muitos líderes fizeram do nome do Senhor.

O desrespeito ao nome de Deus acontece tanto se fazemos dele um amuleto quanto se nos tornamos fanáticos religiosos, criando teorias que muitas vezes servem para justificar excesso de conservadorismo ou liberalismo. Lideranças desrespeitam o nome de Deus quando põem o Senhor a serviço do servo. Em muitas igrejas, o nome do líder é muito mais valorizado do que o de Deus. E, com o passar do tempo, não é de se estranhar que esses pastores, bispos ou apóstolos passem a imaginar que são mais poderosos do que o próprio Deus a quem deveriam servir.

Outra classe que também desrespeita o nome do Senhor são os políticos, que o usam na almeja de votos, muitas vezes fazendo o púlpito de igrejas de palanque. Outros, que vêm de uma formação religiosa, quando chegam ao poder envergonham o nome de Deus não apenas com suas atitudes, mas também com a falta de compromisso com a sociedade que os elegeu.

Em outras ocasiões, o nome de Deus é usado como instrumento de chantagem. Um exemplo seria no relacionamento familiar. Muitos pais têm dificuldade em impor limites a seus filhos e, por isso, recorrem a uma estratégia perigosa: transformar o nome do Senhor em ameaça constante. É quando dizem frases do tipo: "Se você fizer tal coisa, Deus está olhando e vai castigá-lo!". Para uma criança, dependendo da situação e da recorrência, isso pode virar um abuso psicológico. Associar o nome do Senhor a alguém vingativo, cruel e sempre pronto a apontar o dedo para os erros que forem cometidos pode criar uma barreira que impedirá a relação com Deus quando a criança crescer.

Imagine outra situação: um homem deseja comprar um carro. Procurado por um vendedor, diz à sua sábia e comedida esposa que o comerciante é um "mensageiro de Deus".

Endividado e sem argumentos mais consistentes, recorreu ao nome do Senhor na tentativa de convencer sua mulher. Deus passou a ser seu "avalista". Isso também é tomar o nome dele em vão.

Muitas pessoas ficam ressabiadas quando alguém, no meio da conversa, solta a frase "Deus me falou quê...". Na maioria das vezes, esse tipo de menção ocorre tão somente para que a afirmação não seja contestada. Afinal, se Deus disse, quem somos nós para contradizê-lo? Infelizmente, esse tipo de recurso também é utilizado com frequência por muitos líderes eclesiásticos quando necessitam de apoio da comunidade para determinados projetos.

Embora esse tipo de atitude não provoque nenhum dano direto a Deus, recebemos instrução expressa para zelar por seu nome. Como diz o adágio popular, "quem ama cuida". Transparência, integridade e caráter são atributos suficientes para que as palavras de uma pessoa sejam dignas de crédito.

Da mesma forma que "certeza absoluta" é uma expressão equivocada (toda certeza é, por definição, absoluta), não é necessário "jurar por Deus" para atribuir valor às suas palavras, que por si mesmas já devem ter. O Senhor nos desafia a sermos pessoas honestas, assumindo nossos atos e as consequências de cada escolha que fazemos. Entre as crianças, é comum usarem o nome do pai na hora em que são ameaçadas. "Vou contar para o meu pai" é uma frase usual, especialmente quando o valentão da rua diz que está na hora de "acertar as contas". O tempo passa, amadurecemos e não podemos apelar para o pai na faculdade. Tampouco terá algum valor dizer "Vou contar para o meu pai" ao gerente de Recursos Humanos na hora em que for demitido da empresa. Mas é comum adultos usarem o nome de Deus, mais ou menos assim: "O Pai disse isso", "Meu Pai disse aquilo" ou "Deus é quem garante minha promessa". A maturidade deve ser uma característica dos relacionamentos sólidos, seja com Deus, seja com o próximo. E não há maturidade quando a pessoa não constrói uma palavra digna de confiança e que dispense avalistas.

Deus lhe pague

O valor do nome é inestimável. Ter um nome é um dos direitos fundamentais do ser humano, como expresso no artigo terceiro da Declaração dos Direitos da Criança. Por meio do nome individualizamos, identificamos, particularizamos uma pessoa. Salvo alguns casos excepcionais, o nome é imutável.

Quando alguém menciona o nome de um amigo, imediatamente vêm à nossa mente os traços físicos dessa pessoa, seu timbre de voz ou, pelo menos, o local de onde a conhecemos. Pelo nome somos conhecidos, reconhecidos e deixaremos uma marca, mesmo após a morte. Se nos propusemos a uma vida de fidelidade e relação exclusiva com Deus, nada mais coerente do que ligarmos seu nome a algo sublime, poderoso, digno de elogios e honra.

Outro problema que enfrentamos com o nome de Deus são as expressões populares. Se você já deu alguma esmola, certamente ouviu a expressão: "Deus lhe pague". Na música *Construção*, o compositor Chico Buarque canta:

> Por me deixar respirar
> Por me deixar existir
> Deus lhe pague...

Deus lhe pague também é uma peça escrita, em 1933, pelo jornalista e teatrólogo Joracy Camargo, que celebrizou o ator

Procópio Ferreira no papel de um mendigo que fica rico esmolando na porta de uma igreja. Quando o pedinte ouve de outro que "a felicidade é tão barata", ele responde:

Engana-se. É caríssima. Barata é a ilusão. Com um tostãozinho, compra-se a melhor ilusão da vida, porque quando a gente diz: "Deus lhe pague...", o esmoler pensa que no dia seguinte vai tirar cem contos na loteria... Coitados! São tão ingênuos... Se dar esmola, um mísero tostão, à saída de um cabaré, onde se gastaram milhares de tostões em vícios e corrupções, redimisse pecados e comprasse a felicidade, o mundo seria um paraíso! O sacrifício é que redime. Esmola não é sacrifício! É sobra. É resto. É a alegria de quem dá porque não precisa pedir.

Nem sempre pensamos naquilo que dizemos. Agradecer a Deus pelas dádivas recebidas é um ato coerente, mas será que todas as vezes em que dizemos "graças a Deus" a gratidão é o sentimento presente em nosso coração?

Respeitamos quem conhecemos

Preservar e respeitar o nome de Deus é resultado, não um meio. É a atitude daquele que conhece Deus, quem ele é, o que pode fazer. É gesto de alguém que se comunica com ele e honra seu nome.

Quando alguém menciona o nome de Deus, imediatamente deve vir à memória um Deus pessoal, não apenas um personagem de literatura bíblica, mas alguém com quem se tem uma relação de intimidade e confiança. Deve vir à memória um Deus no qual muitos não acreditam, mas que prova sua existência por meio da vida daqueles que o amam e, consequentemente, amam também o próximo.

Para que isso se torne verdade, não bastam as teorias e doutrinas. Não é suficiente assistir a um pregador pela televisão. Também não basta frequentar um culto ou uma missa semanalmente. A melhor ideia é que sejamos vigilantes, para honrar Deus sem usar seu nome de forma leviana. O passo seguinte é pronunciar esse nome sagrado com precisão, tempo e, de preferência, dando glória a ele não apenas com nossas palavras, mas com nosso viver (Mt 5.16).

PARA SABER MAIS

O abuso espiritual poderia ser definido como o encontro entre uma pessoa fraca e uma forte, em que a forte usa o nome de Deus para influenciar a fraca e levá-la a tomar decisões que acabam por diminuí-la física, material ou emocionalmente. Na prática, o abuso ocorre de formas variadas, umas escancaradas, outras sutis.

Marília de Camargo César, em *Feridos em nome de Deus*

Dicas para uma vida melhor

- Se você *ainda* não é digno de confiança, comece a ser a partir de agora.
- Cumpra suas promessas.
- Cumpra seus prazos.
- Não fale em nome de Deus sem a certeza de que está agindo de boa-fé.
- Não se apresente como alguém que crê em Deus sem agir da maneira que o agrada.

CAPÍTULO 8
Administre bem seu tempo

4º mandamento
Lembra-te do dia de sábado, para santificá-lo. Trabalharás seis dias e neles farás todos os teus trabalhos, mas o sétimo dia é o sábado dedicado ao SENHOR, o teu Deus. Nesse dia não farás trabalho algum, nem tu, nem teus filhos ou filhas, nem teus servos ou servas, nem teus animais, nem os estrangeiros que morarem em tuas cidades. Pois em seis dias o SENHOR fez os céus e a terra, o mar e tudo o que neles existe, mas no sétimo dia descansou. Portanto, o SENHOR abençoou o sétimo dia e o santificou.

Êxodo 20.8-11

VIVEMOS UM PERÍODO da história tristemente dominado pelo utilitarismo. O valor não reside no que *somos*, mas no que *temos* ou, principalmente, *fazemos*. Essa almeja frenética tem provocado danos de toda ordem. Como mais tempo trabalhando significa, em geral, um pouco mais de dinheiro no bolso, muita gente tem sacrificado não apenas a família, mas também a própria saúde. Tudo isso em troca de alguns trocados.

"Uma das grandes desvantagens de termos pressa é o tempo que nos faz perder", advertiu o escritor cristão G. K.

Chesterton. Se tivéssemos a possibilidade de antever quanto o corpo padece quando não descansamos, certamente repensaríamos alguns valores que têm norteado nossa rotina.

Qual é a proposta do quarto mandamento? O desafio pode ser expresso em apenas uma pergunta: você consegue se desconectar das atividades e dos problemas cotidianos ao menos uma vez por semana?" Segundo o relato no livro de Gênesis, após criar o mundo, Deus descansou no sétimo dia. Para mim, esse registro sinaliza que o descanso não é mera sugestão, mas um mandamento profilático para nossa saúde física e emocional.

Sabemos que descansar é algo difícil, especialmente para quem se situa nos extremos: os viciados em trabalho e os preguiçosos contumazes. Para quem é *workaholic*, viciado em trabalho, nada pode substituir a vida profissional (uma coisa é ser *hard worker*, outra, *workaholic*). Para os indolentes, tudo o que desejam é não fazer absolutamente nada. Ambos seguem rotinas, cada qual do seu modo. Só trabalho, sem família; ou, só diversão, sem trabalho.

Quando Deus pede um dia santificado, na verdade nos abre a possibilidade de alterar a rotina com atividades diferentes das habituais. Nesse período, as baterias são recarregadas e novas experiências nos enriquecem em diversas áreas, modificando especialmente a disposição e o humor. Passamos a enxergar a vida sob nova perspectiva, até mesmo redirecionando projetos e ressuscitando sonhos que se perderam em meio à agitação do dia a dia.

Solitude e silêncio

O mundo está repleto de metrópoles agitadas e barulhentas, que, cada vez mais, crescem e prejudicam o sossego da vida interior. Mesmo na quietude, muitas vezes não somos capazes de encontrar paz. Em *Crescer: Os três caminhos da vida espiritual*, Henri Nouwen estabelece a diferença entre *solidão* e *solitude*. O escritor afirma que podemos sentir solidão quando estamos solitários e até mesmo no meio de uma multidão. Muita gente tem medo do silêncio, pois nos leva diretamente à solidão. Nouwen diz que "está longe de ser fácil penetrar na dolorosa experiência do isolamento". Em contrapartida, a solitude é aquele tipo de solidão que só ocorre quando estamos interiormente bem, em paz com Deus e com o próximo. Para o ex-professor das universidades Harvard e Yale, é "difícil, senão impossível, sair do isolamento para a solidão sem algum tipo de retiro em relação às distrações do mundo". Ressalto que o escritor registrou essas palavras na década de 1970, quando a tecnologia não interferia tanto em nossa rotina quanto hoje.

Anselm Grun, em *As exigências do silêncio*, considera que o silêncio pode e deve ser um estágio na luta contra o pecado e o vício, uma forma de desapego e uma abertura para Deus. Grun cita o monge Bento de Núrsia, ao diferenciar *silentium*, a prática do silêncio, de *taciturnita*, a atitude de recolhimento que leva a pessoa a um lugar (ou estado) em que "está aberto para Deus, em que ele pode escutar a palavra de Deus na Escritura e na liturgia, e onde pode viver na presença de Deus".

O ensinamento é válido mesmo para quem mora em uma cidade barulhenta, tem uma vida profissional conturbada e filhos que não deixam a casa em paz. E mais, quem detesta ficar sozinho. Convido você a refletir, embora não esteja em um mosteiro isolado em uma montanha: quantas vezes você já se viu às voltas com um problema, com um sentimento de rancor ou de profunda mágoa ou mesmo com algo que tem de fazer mas não consegue porque não encontra a solução por mais que pense a respeito? Existe um entrave muito comum chamado "efeito paradigma". Ele atinge pessoas que só sabem fazer as coisas de um certo jeito, por entender ser a única maneira correta. Isso explica o fato de algumas invenções e descobertas da ciência terem nascido justamente do acaso, em momentos nos quais o cientista estava afastado de sua pesquisa principal. A descoberta da penicilina é um bom exemplo.

Durante um bom tempo, o médico microbiologista Alexander Fleming pesquisou antissépticos capazes de matar ou impedir o crescimento de bactérias em feridas infectadas. Em 1923, descobriu por acidente uma substância bactericida na lágrima e na saliva, a lisozima, depois de espirrar em cima de uma cultura de bactérias. Cinco anos depois, tirou férias e se esqueceu de guardar algumas placas com estafilococos, deixando-as em um canto de seu sempre bagunçado laboratório. Ao retornar no mês seguinte, observou que algumas delas estavam contaminadas com mofo. Ele percebeu que, em uma das placas, havia um halo transparente, sinalizando que aquele fungo produzia uma substância capaz de matar as bactérias. Um exame revelou que o fungo pertencia ao gênero *Penicilium*. Alguns anos depois, outros cientistas retomaram as experiências de Fleming e conseguiram produzir penicilina com fins terapêuticos em escala industrial, inaugurando a era dos antibióticos.

O cientista francês Louis Pasteur estava correttíssimo ao afirmar que "o acaso só favorece os espíritos preparados e não prescinde da observação". Acontecimentos como esse mostram os efeitos positivos da quebra do efeito paradigma. Há uma ruptura no controle, o que permite que se observe o processo de outra maneira. É o que ocorre quando um artista pinta uma montanha de vermelho, embora, aos olhos de qualquer pessoa, ela devesse ter outra cor, como verde ou azul.

Lazer é fundamental

Com o passar do tempo, descobri a sabedoria divina que carrega o quarto mandamento. O propósito desse desafio não é apenas agradar a Deus, mas também tornar minha vida mais equilibrada e, consequentemente, prazerosa. Ao compreender o cuidado do Criador, passei a reservar um dia da semana para me desligar do trabalho e dos afazeres e cuidar da família. É também o dia em que vou à igreja e me encontro com outras pessoas de coração grato a Deus e desejosas de expressar a gratidão que sentem em celebrações conjuntas.

Algumas das lições que aprendi foram transcritas no meu livro *Como passar em provas e concursos*. Quando pratiquei o dia de descanso por causa da minha fé bíblica, como consequência produzi mais e obtive mais prazer. Então, por experiência pessoal, passei a recomendar um dia para repouso. Para o cristão, pelo fato de ser dever bíblico; para todos, por ser uma conduta inteligente. Não se trata mais de uma ordem vinda pelas mãos de Moisés, apenas, mas de uma orientação profissional que dou aos meus alunos e leitores para tornar suas horas de estudo mais produtivas. Parece estranho, mas você precisa descansar para produzir mais. Certo dia, um marido veio me agradecer. Ele disse que seu casamento estava melhor, as brigas tinham diminuído e a esposa estava mais bem-humorada. Como nunca escrevi obras sobre como melhorar a vida conjugal, estranhei um pouco. Ele explicou que sua mulher estava se preparando para um concurso público durante os sete dias da semana. Ao começar a respeitar o dia do descanso, por orientação minha em uma palestra, a situação melhorou bastante, o que ajudou a diminuir as turbulências no relacionamento. Contei a ele sobre a origem da recomendação, aproveitando a oportunidade para ressaltar a grandeza do amor divino.

Os momentos de pausa na rotina podem gerar inúmeros efeitos positivos. Eles relaxam, contribuem para evitar depressão e são fundamentais para espantar uma doença terrível até no nome: a síndrome de *burn-out*. Como a palavra em inglês indica, ela é caracterizada por uma "combustão" total, com diminuição generalizada de interesse e fadiga completa. No Japão, a sobrecarga de atividades profissionais é um problema tão comum que foi criado um vocábulo para definir a morte por excesso de trabalho: *karoshi* (*karo* pode ser traduzido como *excesso de trabalho* e *shi* significa *morte*). Segundo o governo nipônico, entre 20 a 60 trabalhadores morrem a cada ano no país vítimas desse mal.

A pausa para descanso não apenas evita doenças, mas abre as portas da criatividade. Isso permite descobrir saídas e soluções engenhosas que não encontraríamos caso estivéssemos mergulhados no estresse cotidiano. Costuma-se afirmar em algumas empresas que *time out is not time off*, o que quer dizer que o tempo gasto fora do trabalho não significa necessariamente estar desligado das tarefas profissionais.

Considerado o "profeta do ócio", Domenico de Masi disse que "somente as pessoas imaturas precisam de muito dinheiro para preencher bem seu tempo de folga". Não é necessário nenhum investimento financeiro para curtir bons momentos em família e imprimir lembranças positivas que seus filhos vão carregar por toda a vida. Em *O ócio criativo*, o sociólogo italiano fornece a fórmula completa:

Aquele que é mestre na arte de viver faz pouca distinção entre o seu trabalho e o seu tempo livre, entre a sua mente e o seu corpo, entre a sua educação e a sua recreação, entre o seu amor e a sua religião. Distingue uma coisa da outra com dificuldade. Almeja, simplesmente, a excelência em qualquer coisa que faça, deixando aos demais a tarefa de decidir se está trabalhando ou se divertindo. Ele acredita que está sempre fazendo as duas coisas ao mesmo tempo.

Amor se soletra assim: t-e-m-p-o

Em época de acirrada competição profissional, muitas vezes temos dificuldade de reservar tempo para o descanso e o lazer. Conhecedor das inquietações mais profundas do coração do homem, Deus inspirou o rei Salomão para escrever um texto que nos dá paz e tranquilidade. O Salmo 127 garante que o Criador providencia nosso sustento enquanto estamos dormindo. Que promessa maravilhosa!

O texto na *Bíblia hebraica*,[1] publicada por uma editora especializada em obras judaicas e que apresenta a tradução para o português do hebraico e à luz do Talmude e de fontes israelitas, diz:

> A não ser que o Eterno edifique a Casa, trabalham em vão os que a querem construir. Se ele não guardar a cidade, vã será a vigília da sentinela. Os que retardam seu sono até alta noite, acordam antes do amanhecer e dedicam-se arduamente a ganhar seu sustento, não alcançarão os bens que o Eterno concede aos que o amam, mesmo quando estes estão a repousar.

Segundo os comentaristas dessa versão do *Tanach* (a Bíblia usada pelos judeus, equivalente ao Antigo Testamento dos cristãos), "uma pessoa não deve chegar a extremos para prover habitação e sustento para o seu lar, pensando que tem o poder de garantir resultados, pois somente Deus coroa os esforços com êxito. É o que ele fará para os que nele confiam, bastando apenas fazer a parte que lhes cabe".

Se obedecido, o quarto mandamento nos proporcionará uma qualidade de vida melhor. Caso esteja sofrendo um processo de estresse, experimente tirar um dia de folga para ir à praia ou fazer algo diferente do que está habituado. Tenho certeza de que vai se surpreender com a mudança em seu humor e em sua disposição. Todas as pessoas têm as mesmas 24 horas diárias para desfrutar. A diferença está na maneira que administramos esse bem escasso e não renovável. Sim, a única coisa que não podemos recuperar é o tempo perdido.

Pouco antes do fim de meu primeiro casamento, perguntei a diferentes psicólogos que consequências o divórcio poderia ter, no futuro, na relação entre minha filha e eu, visto que ela iria morar com a mãe. A resposta que ouvi foi sempre a mesma — e continua válida para pais e mães, separados ou não:

— O que importa não é se você vai passar a semana toda com a sua filha, mas, sim, que estabeleça uma sólida e sensível comunicação com ela quando estiverem juntos. Procure estar no nível dela, para reforçar essa ligação. É fundamental que ela sinta como você a ama e que sempre vai estar disponível. Isso significa, por exemplo, aprender a dançar, caso ela aprecie, ou contar a mesma história e ver o mesmo filme inúmeras vezes, porque as crianças gostam disso. O que importa é que, ao estar com ela, você esteja totalmente presente.

Em suma, tem menos peso a quantidade de tempo do que a qualidade do tempo juntos. Quando se vive na mesma casa também é assim que deve ser. Mulheres que cultivam sentimento de culpa por ter de trabalhar fora e passar muitas horas longe dos filhos devem se lembrar dessa orientação: o tempo com as crianças deve ser com a maior dedicação possível — os trabalhos domésticos podem esperar, a relação com os filhos não. Viver junto não significa, necessariamente, *estar* junto. Isso só acontece quando dedicamos aos familiares a atenção que merecem. Abrir-se ao diálogo e ao carinho — esses são os ingredientes para a receita do convívio bem-sucedido, com evolução contínua.

Proponho um teste bem simples para verificar como anda esse aspecto de sua vida. Na última semana, você reservou meia hora que fosse para dedicar-se a alguma pessoa muito amada, para lhe transmitir a certeza da realidade desse sentimento? Espero que sim! Se não o fez, experimente.

Lembro-me com tristeza de alguns episódios que aconteceram em minha trajetória. Todos os sábados, minha mãe pegava um ônibus para passear em Cabo Frio. Enquanto isso, eu permanecia mergulhado no trabalho, em vez de aproveitar esses momentos para estarmos juntos. Ela faleceu e agora não tenho a menor possibilidade de fazer um gesto que antes teria sido tão fácil: levá-la, eu mesmo, de carro, a esses passeios. Não abri mão do meu tempo, pensando que estava investindo na minha carreira profissional. No entanto, me esqueci do presente e deixei de dar atenção a quem tanto amei e só verei novamente no céu.

Apenas tarde demais compreendi a importância de investir tempo nas pessoas que amo. Em meu livro *A última carta*, registrei um conselho que felizmente muitos leitores têm seguido: "Se sua mãe não estiver morta ou no CTI, fique atento; corra, ainda há tempo". Se, ao ler a respeito da tristeza que compartilho, você se lembrar de alguém que tem negligenciado, recomendo que interrompa a leitura e mude essa situação agora mesmo. Um simples telefonema pode proporcionar momentos de alegria e enriquecer relacionamentos fragilizados pela falta de atenção.

Ao longo dos anos, me tornei especialista em passar em concursos. Isso aconteceu não só porque fui reprovado e, depois, aprovado muitas vezes, mas também pelo fato de ter escrito livros com dicas importantes a respeito. Já falei para mais de 1,2 milhão de pessoas em seminários e palestras sobre o assunto. Não custa repetir: estudar seis dias por semana de preferência com a bênção de Deus, e deixar um inteiramente reservado ao descanso tem efeito muito positivo. O rendimento é muito superior ao da dedicação sem tréguas. O tempo reservado ao ócio abre espaço para arejar a mente, até mesmo porque ela precisa disso para consolidar a aprendizagem. É um fator de aumento do desempenho, acredite!

Uma última reflexão: em nossos dias, a igreja é muito criticada pela questão do dízimo. Contudo, você já parou para pensar que Deus pede que você devolva como gratidão apenas 10% de seus ganhos financeiros, mas quer que você separe um sétimo de seu tempo? Isso significa que Deus valoriza mais o seu tempo do que o seu dinheiro. Ele deseja se relacionar conosco e, para que isso aconteça, é necessário reservar tempo. Como sempre acontece quando decidimos nos dedicar a alguém, somos os maiores beneficiados quando isso ocorre. Faça o teste!

Em resumo, invista tempo no descanso e no relacionamento com as pessoas que ama. E deixe Deus fazer parte dessa lista — ele vai gostar.

PARA SABER MAIS

Não é o trabalho árduo, mas sim a dúvida e a apreensão que produzem ansiedade ao reanalisarmos um mês ou um ano e que nos deixam oprimidos pela pilha de tarefas não concluídas. Somos invadidos por uma sensação desconfortável ao percebermos que falhamos em fazer o que era realmente importante. Os ventos das demandas de outras pessoas e as nossas próprias compulsões internas levam-nos a um recife de frustração. Percebemos, numa comparação bem próxima com nossos pecados, que fizemos aquelas coisas que não devíamos ter feito e deixamos por fazer aquelas que eram necessárias.

O experiente gerente de uma fábrica disse-me certa vez: "O maior perigo que você corre é deixar as coisas urgentes tumultuarem as importantes". Ele não percebeu a dureza do impacto deste conselho, o qual se aplica a todas as áreas da vida! E tem constantemente voltado à minha mente, assustando-me e censurando-me, trazendo à tona o problema crítico das prioridades. Vivemos em constante tensão entre o urgente e o importante. O problema é que muitas tarefas importantes não precisam ser feitas hoje ou até mesmo nesta semana.

Charles E. Hummel, em *Livres da tirania da urgência*

Dicas para uma vida melhor

- Tenha um dia por semana diferente de sua rotina.
- Nesse dia, pense em Deus, ore, cante, leia, visite, congregue, sirva ao próximo.
- Nesse dia, dê tempo para si mesmo, faça algo de que realmente goste.

- Nesse dia, dê tempo para alguém que você ama.
- Nesse dia, telefone, visite ou vá almoçar com seus pais.

CAPÍTULO 9
Seja um filho exemplar

5º mandamento
Honra teu pai e tua mãe, a fim de que tenhas vida longa na terra que o SENHOR, o teu Deus, te dá.

Êxodo 20.12

OS QUATRO PRIMEIROS preceitos do Decálogo fazem parte do que podemos chamar de *mandamentos verticais*. Mesmo que o quarto nos recomende a santificação de uma parcela do nosso tempo, penso que, talvez, possa ser visto com um sentido diferente do que se costuma interpretar. Eu entendo que ele nos remete mais ao sentido de separação, de pausa. Claro que, ao parar e, assim, sair da roda-viva, nos aproximamos de Deus. A partir do quinto mandamento, aprendemos a melhorar o relacionamento com o próximo e, com isso, nosso cotidiano naturalmente será mais repleto de vigor e prazer.

Logo ao nascer, já fazemos parte de um grupo: a família. E o primeiro dos *mandamentos horizontais* nos conclama exatamente a valorizar o relacionamento familiar. Ao contrário dos anteriores, esse não segue o padrão de *não* dos demais. Além disso, é o único que traz uma promessa embutida. Se for cumprido, resultará em uma vida longa. Embora pareça uma ordem um tanto óbvia e fácil de ser cumprida, na prática percebemos que a relação entre pais e filhos sofre cada vez mais um processo de deterioração. Quem poderia imaginar que seria necessário contratar uma profissional da área de psicologia para resolver problemas domésticos? A ideia ainda transformou-se em um programa de televisão de sucesso em muitos países, *Supernanny*, o que evidencia a decadência da estrutura familiar. É verdade que nem sempre os pais são um exemplo a ser seguido, muitas vezes não tratam os filhos com carinho nem lhes dedicam tempo ou atenção. Como honrar esse tipo de pais duros, insensíveis e até mesmo violentos?

O padrão bíblico de família é baseado no amor. Não foi Deus quem estimulou a inveja, a competitividade e o egoísmo. Ele é amor. Seu amor por sua criação foi tão grande que o Senhor deu seu bem mais valioso em favor de todos nós: seu próprio Filho. Ao examinar a magnitude do amor de Deus, somos desafiados a ser ótimos pais e mães. Ainda que não tenhamos recebido carinho paterno e materno durante nosso crescimento, devemos inspirar nossos filhos a desenvolver um amor de tal qualidade que remeta ao imensurável amor divino. Esse é um desafio que requer coragem e dedicação. Você é capaz de oferecer tamanho amor?

Com grande alegria, afirmo que Deus tem essa capacidade. Para compreender isso, vamos ler uma paráfrase desse mandamento, com uma redação diferente, porém com seu princípio preservado: "Honra teu pai e tua mãe, mesmo se erraram demais, se seguiram por caminhos inadequados, se te ofenderam, magoaram e violentaram". Sabemos que há casos de violência em muitas famílias, até mesmo de cunho físico e/ou sexual. Só mesmo um sentimento que verdadeiramente brota do coração de Deus é capaz de oferecer amor e indulto a quem nos provocou lacerações no corpo e na alma. Apesar da intensidade do sofrimento, tenho convicção de que Deus pode substituir a mágoa pelo perdão, devolvendo a paz ao coração afligido pelas dores profundas vivenciadas.

Aprendi essa lição com Leonard Felder, autor de *Os dez desafios*, obra que me inspirou a escrever este livro. Segundo ele, o desafio de honrar pai e mãe alcança até mesmo filhos violentados. Em tempos nos quais parte da população luta para fazer justiça com as próprias mãos, falar de perdão parece apenas utopia. No entanto, perdoar quem cometeu atos bárbaros produz libertação completa das garras cruéis do ressentimento. Se esse tipo de raiz não for removido, a alegria de viver pode ser completamente sufocada. A Psicologia revela que tendemos a repetir padrões de nossa vivência. Portanto, livrar-se de parâmetros inadequados, mediante o exercício do perdão, é uma atitude libertária cujos frutos são permanentes!

A questão aqui não é "que tipo de pais os meus foram", mas sim "que tipo de filho eu serei". Se, apesar de os seus pais terem sido negligentes ou abusivos, você for um filho exemplar, é possível criar um novo paradigma, uma nova história. E isso fará de você um pai ou uma mãe melhor, com uma nova perspectiva para os filhos que vier a ter.

Diálogo e respeito

Uma série de fatores tem contribuído para a desestruturação das famílias. É interessante lembrar que não se trata de um problema novo, afinal nem o núcleo familiar de Adão desfrutou de total harmonia. No entanto, o problema tem recrudescido nas últimas décadas. O contínuo aumento do índice de divórcios sinaliza as dificuldades que sucessivas gerações de filhos de pais separados vão enfrentar.

No passado, os pais transmitiam aos herdeiros seus conhecimentos profissionais. O filho do sapateiro certamente seria um sapateiro. O de um carpinteiro, desde a infância aprenderia com o pai o ofício em sua oficina — com Jesus foi assim. Até pouco tempo atrás, existiam famílias de médicos, advogados, comerciantes e isso se reproduzia nas mais variadas profissões. Com o avanço tecnológico e o acesso fácil à informação, hoje os jovens escolhem suas próprias carreiras, entram no mercado de trabalho, deixam o porto seguro dos lares de origem e seguem rumos individuais. Em muitos casos, a quebra do vínculo de dependência resulta também na quebra de autoridade e, com frequência, do respeito mútuo entre pais e filhos.

Quando pequenas, normalmente as crianças se submetem à autoridade paterna. À medida que crescem, devem passar a respeitar os pais cada vez mais por amor, a fim de que se fortaleça uma relação saudável e harmoniosa. Mas, durante toda a vida, os respeitarão por meio das atitudes. Não adianta os pais falarem uma coisa se suas ações são completamente opostas. Não existe lição mais profunda e eloquente do que o exemplo.

Sempre haverá problemas no âmbito da família. Entretanto, se pais e filhos aprenderam a conversar, se respeitar e reconhecer os erros de ambos os lados, quando as dificuldades surgirem, serão solucionadas e não fragilizarão o vínculo maior da união familiar: o amor.

Uma sociedade doente

Em muitos lares, infelizmente a situação é oposta ao ideal bíblico de paz e harmonia. A falta de respeito no ambiente doméstico espalha-se como uma doença contagiosa para os outros lugares. Filhos não respeitam os pais. Alunos não respeitam os professores. Clientes e funcionários não se respeitam. Empregados não respeitam os seus superiores. Motoristas não respeitam os outros motoristas. Em suma, ninguém respeita ninguém.

A obediência à ordenança divina neste quinto mandamento tem o poder de alterar o caos que vemos no mundo. Em primeiro lugar, devemos respeitar a Deus. Em paralelo, nossos pais. Quando sairmos do nosso círculo familiar, certamente vamos respeitar o próximo, atuando como agentes propagadores de paz e harmonia. Quando esse processo, porém, é interrompido, seja no primeiro, seja no segundo estágio, é impossível que haja respeito pelo nosso semelhante. Ao respeitar nossos pais, aprendemos a fazê-lo com as demais autoridades.

No capítulo sobre o terceiro mandamento, refletimos sobre o valor do nome do Senhor e chegamos à conclusão de que o respeito é uma das formas de honrá-lo. O princípio também é verdadeiro em relação aos pais. Assim como honramos, respeitamos e valorizamos o nome de Deus, também devemos honrar, respeitar e valorizar o nome e a história dos nossos pais. Afinal, é deles que recebemos um nome e um sobrenome.

Na sociedade japonesa, esse conceito é fortemente arraigado e, diriam alguns, radical. Em casos extremos, quando algum político, empresário ou até mesmo um estudante vive um grande fracasso ou é acusado de corrupção, a saída mais honrosa é o *harakiri,* ou *seppuku* (suicídio pelo corte do abdômen), por ter sujado a honra da família. É o mesmo ritual que os antigos samurais utilizavam quando julgavam que haviam maculado o nome de seus ancestrais. Sem honra, sem vida. Isso é radical, mas profundo.

Quem honra cuida

A honra sempre envolve o zelo. Desde o nascimento, o filho está sob o cuidado dos pais. Com o passar do tempo, a situação será invertida. Confesso que isso me assusta um pouco. Inúmeras vezes assistimos nos noticiários à história de idosos que foram negligenciados por suas famílias. Em diversos lugares, pessoas de idade são literalmente abandonadas em locais que não teriam condições nem sequer de abrigar animais.

Por outro lado, os filhos devem estar conscientes dos limites e das dificuldades de se cuidar de uma pessoa idosa. Às vezes, encaminhar o pai ou a mãe para uma casa de repouso, onde terá cuidado permanente e profissional, é um gesto de muito mais amor do que sacrificar sua vida e a de sua família para manter um idoso em condições desfavoráveis dentro de casa. No caso da necessidade de internar os pais, o importante é a atenção e a frequência com que o filho manterá contato com eles.

Ao zelar e participar da vida dos pais, os filhos não estão apenas exercendo uma obrigação de cuidado. Na verdade, acredito que Deus nos chama para um relacionamento em que os pais terão a oportunidade de transmitir a sabedoria adquirida com o tempo aos filhos. Se houver respeito às orientações e experiências dos pais, muitas vezes os filhos poderão evitar decepções e erros, vivendo mais e melhor. Essa é a maior herança que podemos receber deles! Vale dizer que a *melhor* herança (como conceito absoluto) que podemos receber é a vida eterna (1Pe 1.3-6). Claro que a relação de dependência não deve perdurar a vida inteira. Na própria Escritura, Deus nos indica o segredo para um casamento começar bem: "Por essa razão, o homem deixará pai e mãe e se unirá à sua mulher, e eles se tornarão uma só carne". (Gn 2.24). O homem deve desligar-se de seus pais (principalmente da sua mãe, diriam algumas esposas...), para se dedicar ao novo lar. O que não significa que dará as costas e passará a desprezar aqueles que zelaram por sua vida até então. Claro que a mulher também não deverá buscar a imagem do pai no marido, senão o casamento estará fadado à decepção.

Às vezes, muitos pais fazem uso da orientação de serem honrados, para criar divisões e conflitos entre seu filho e a nora ou entre sua filha e o genro. Isso é incorreto. Honra envolve consideração, cuidado e amor, mas não significa concordar com tudo o que os pais pensam. É possível discordar sem desrespeitar. E isso vale para os dois lados dessa relação. Muitos filhos justificam sua atitude de abandono por terem sido maltratados ou negligenciados por seus pais. É importante enfatizar que esse mandamento deve ter contrapartida do lado paterno.

Como pai, devo estar atento para o tipo de relacionamento que tenho com meus filhos. Devo adverti-los e ensiná-los, sempre com amor e respeito. Não com uma atitude interesseira — para que eles cuidem bem de mim no futuro — nem em um clima de medo e ameaças. Em sua carta à igreja de Éfeso, o apóstolo Paulo chegou a orientar os pais (do sexo masculino) que "não irritem seus filhos" (Ef 6.4). Outro desdobramento desse mandamento é que os filhos também devem nutrir um sentimento verdadeiro de amor para com os pais. Em muitos casos, os filhos aparentam gostar de seus genitores apenas quando têm seus desejos e necessidades satisfeitos. Chegam até ao extremo de utilizar estratégias variadas para obter aquilo que cobiçam. Quando isso acontece, denota que o respeito já não faz parte do convívio doméstico.

Honra envolve também carinho e perdão. Há casos de filhos abandonados após o nascimento que, quando crescem, saem à procura da mãe biológica, mesmo com as feridas provocadas pelo sentimento de rejeição. Essa almeja nem sempre é empreendida com o objetivo de manter um relacionamento, mas simplesmente para a prática do perdão. Mais uma vez, os benefícios dessa atitude magnânima são mútuos e têm valor terapêutico quase imensurável para ambos os envolvidos.

O desafio que Deus nos apresenta é o de honrar incondicionalmente pai e mãe, a despeito de como agiram conosco. Isso somente será possível quando compreendermos a qualidade de amor que Deus tem por nós. Como disse o escritor e monge trapista Thomas Merton, "o amor dá e recebe, mas primeiro dá, e, dando, recebe". Lembre-se sempre que amor não é só o que você sente, amor é o que você faz.

PARA SABER MAIS

O que a Bíblia ensina sobre as crianças e a orientação de pais pode ser dividido em duas categorias: comentários sobre crianças e comentários sobre pais e educação de filhos.

1. Crianças. Na Bíblia, as crianças são vistas como dádivas de Deus que podem trazer tanto alegria quanto tristeza. As crianças devem ser amadas, honradas e respeitadas como pessoas; elas são importantes no reino de Deus e não devem sofrer nenhum mal. As crianças também têm responsabilidades: honrar e respeitar os pais, cuidar deles, ouvi-los e ser obedientes. "Filhos, obedecei a vossos pais no Senhor, pois isto é justo", lemos em Efésios 6.1-3. "Honra a teu pai e a tua mãe [...] para que te vá bem, e sejas de longa vida sobre a terra." Em outra de suas cartas, Paulo critica duramente a desobediência infantil, mas parece pouco provável que se espere que as crianças obedeçam sempre. Se os pais exigem que a criança faça algo que não está de acordo com a Bíblia, devemos lembrar que as leis de Deus sempre estão acima das ordens humanas. Além disso, pode parecer que adultos que deixam a casa paterna e se unem a um cônjuge estabelecem novas famílias, mas eles não estão isentos da responsabilidade de honrar seus pais idosos.

2. Pais. Mães e pais têm a responsabilidade de servir de modelo para um comportamento cristão maduro. Além disso, eles devem amar seus filhos, suprir suas necessidades, ensinar os jovens, e disciplinar com justiça. "Não provoqueis vossos filhos à ira" — lemos em Efésios 6.4 — "mas criai-os na disciplina e na admoestação do Senhor." De acordo com um comentarista, nós provocamos nossos filhos quando: maltratamos fisicamente, abusamos psicologicamente (humilhando-os e tratando-os com desrespeito), negligenciamos suas necessidades, não tentamos entendê-los, esperamos demais deles, sonegamos nosso amor para conseguir que façam o que queremos em troca de carinho, forçamos a aceitar nossos

alvos e ideias, e nos recusamos a admitir nossos erros. Por outro lado, nós os "criamos" servindo de exemplo, dando instrução e estímulo. E mais fácil falar do que fazer isso. Os filhos, assim como os pais, têm personalidades diferentes, e as diretrizes bíblicas para a sua criação são tão específicas como muita gente gostaria que fossem.

Gary Collins, em *Aconselhamento cristão*

Dicas para uma vida melhor

- Seja um bom filho, independentemente de seus pais serem bons pais.

- O amor e o respeito aos seus pais devem ser a expressão do amor que Deus demonstra dia após dia por você e será um modo de ensinar seus filhos sobre o próprio amor e sobre família.

- Você pode escolher outro papel em que também quer se sair bem (como tio, avô, professor ou amigo).

CAPÍTULO 10
Preserve toda forma de vida

6º mandamento
Não matarás.

Êxodo 20.13

"NÃO MATARÁS" É uma ordem explícita, que tem sido evocada em diversas campanhas em favor da vida. No entanto, um exame atento do texto bíblico pode fornecer pistas para uma compreensão ampla do que Deus quis nos dizer com esse preceito. O verbo hebraico utilizado nesta passagem, *râtsach*, significa especificamente *assassinar seres humanos*, ou *cometer homicídio*. Embora *matar* e *cometer homicídio* sejam termos bem próximos, assumem dimensões diferentes — uma vez que *homicídio* refere-se especificamente a matar pessoas.

A ação de matar pode se referir a várias coisas, como, por exemplo, tirar a vida de um animal. Já cometer homicídio é especificamente eliminar um ser humano, seja por ódio, seja por vingança, seja para fazer justiça com as próprias mãos e por aí vai. Outra interpretação interessante desse mandamento foi criada pelo pastor Ed René Kivitz e apresentada durante um debate sobre o filme *Tropa de Elite*. Segundo o teólogo, o mandamento pode ser assim interpretado: "Não construirás uma sociedade que mata." De acordo com esse raciocínio, não é apenas quem puxa o gatilho o responsável por uma morte. Somados, os ciclos da violência, da impunidade, da desigualdade social e da negligência incluem cada um de nós. Indiretamente somos responsáveis por essa sociedade que mata, principalmente quando fechamos nossos olhos, nos calamos e cruzamos os braços diante de situações arbitrárias e injustas.

Por outro lado, além do atentado contra a vida do próximo, também podemos atentar contra nossa própria vida. E não falo explicitamente do suicídio, quando uma pessoa salta de um prédio, pula na linha do metrô ou atira em si mesma. Escrito em 1647, o *Catecismo Maior de Westminster* afirma que "os deveres exigidos no sexto mandamento são todo o cuidado e todos os esforços legítimos para preservar a nossa vida e a de outros [...] [por meio] do uso sóbrio da comida, bebida, remédios, sono, trabalho e recreios".

Você tem certeza de que seus hábitos alimentares e de comportamento não o estão levando a uma espécie de suicídio lento e gradual? Estou certo que "não cometerás homicídio" é uma ordem genérica, aplicando-se a todas as áreas que incluem a preservação, não apenas da vida, mas também da saúde. A maioria das pessoas reprova o suicídio com veemência. Contudo, algumas atitudes para com o próprio corpo acabam por denotar falta de amor pela vida. Se não aceitamos o ato de pôr fim à própria existência, devemos igualmente eliminar práticas que, aos poucos, minam a saúde e subtraem o vigor físico, mental e intelectual. Não faz sentido proibir ou condenar o suicídio como ação e não ter a mesma posição quanto ao suicídio praticado em um processo lento.

Seria simplista enumerar aqui somente hábitos nocivos e largamente condenados, como o consumo de drogas e de cigarro. Os cuidados com a saúde vão bem além e incluem alimentação balanceada, prática de exercícios físicos e visitas regulares ao médico, entre inúmeras atitudes recomendadas.

A vida está dentro de você

O cuidado com o corpo não deve se tornar uma obsessão. Se isso acontecer, trata-se de uma infração clara ao segundo mandamento. É crescente o número de pessoas que idolatram o próprio corpo e, por isso, dedicam-se a dietas desumanas, a horas intermináveis de malhação nas academias, a exageradas intervenções plásticas, ao consumo irresponsável de medicamentos para emagrecer ou rejuvenescer e ações similares.

A despeito dos exageros comuns, devemos cuidar do corpo com carinho. Equilibrar a alimentação. Fazer caminhadas regulares. O exercício de levantamento do controle remoto e o de lançamento de salgadinhos ao estômago têm um resultado fatal: sedentarismo e doenças, como hipertensão, diabetes e obesidade. Em texto disponível na internet, o autor menciona a necessidade de zelarmos pelo corpo:

> Por um minuto, esquece a poluição do ar e do mar, a química que contamina a terra e envenena os alimentos, e medita: como anda o teu equilíbrio ecobiológico? Tens dialogado com teus órgãos interiores? Acariciado o teu coração? Respeitas a delicadeza de teu estômago? Acompanhas

mentalmente teu fluxo sanguíneo? Teus pensamentos são poluídos? As palavras, ácidas? Os gestos, agressivos? Quantos esgotos fétidos correm em tua alma? Quantos entulhos — mágoas, ira, inveja — se amontoam em teu espírito? Examina a tua mente. Está despoluída de ambições desmedidas, preguiça intelectual e intenções inconfessáveis? Teus passos sujam os caminhos de lama, deixando um rastro de tristeza e desalento? Teu humor intoxica-se de raiva e arrogância? Onde estão as flores do teu bem-querer, os pássaros pousados em teu olhar, as águas cristalinas de tuas palavras? Por que teu temperamento ferve com frequência e expele tanta fuligem pelas chaminés de tua intolerância? Não desperdiça a vida queimando a tua língua com as nódoas de teus comentários infundados sobre a vida alheia. Preserva o teu ambiente, investe em tua qualidade de vida, purifica o espaço em que transitas. Limpa os teus olhos das ilusões de poder, fama e riqueza, antes que fiques cego e tenhas os passos desviados para a estrada dessinalizada dos rumos da ética. Ela é cheia de buracos e podes enterrar o teu caminho em um deles.[1]

Apresentar problemas emocionais e não procurar ajuda é outra espécie de "suicídio em prestações". Deus tem usado terapeutas, psicólogos e outros profissionais para restaurar a saúde emocional de milhares de pessoas. O equilíbrio nessa área é tão importante como a boa saúde física. Ambas, aliás, se inter-relacionam, com reflexos mútuos, tanto positivos quanto negativos. Por que será que buscamos socorro imediato quando surge uma dor física e padecemos durante anos de dores na alma que poderiam ser tratadas com sucesso por profissionais especializados?

Da mesma forma que ser cristão não nos garante saúde física permanente, levando-nos aos consultórios médicos para sanar certas enfermidades, esse mesmo cuidado deve se estender à saúde mental. Como está registrado nas Escrituras, seu corpo é o templo do Espírito Santo. Cuide dele com carinho!

Palavras ferem e podem matar

Reconhecer e expressar os sentimentos é uma forma excelente de conservar a saúde emocional. Todavia, constantemente somos machucados por palavras e atitudes e nem sempre temos a capacidade de reagir de forma adequada. Lidar com a raiva é um dos desafios mais comuns, mas nem por isso é fácil de ser superado.

No livro *Raiva: seu bem, seu mal*, a psicóloga clínica Esther Carrenho afirma que muitas pessoas cometem um erro comum ao lidar com esse sentimento: "Com o intuito de não ceder ao mal da raiva, confundimos *reconhecer, administrar* e *controlar* com *negar, bloquear* e *reprimir*." Segundo Esther, "quando não somos acolhidos ou não podemos expressar nossos sentimentos, podemos amortecer e bloquear o desenvolvimento do lado emocional". Não mantenha os sentimentos em celas. A maior vítima sempre será você!

Uma das formas truculentas e inadequadas de a raiva se manifestar é por meio das palavras. Enquanto alguns utilizam armas para cometer um homicídio, outros são capazes de matar o emocional de um indivíduo apenas com suas palavras. Jesus disse: "Vocês ouviram o que foi dito aos seus antepassados: 'Não matarás', e 'quem matar estará sujeito a julgamento'. Mas eu lhes digo que qualquer que se irar contra seu irmão estará sujeito a julgamento" (Mt 5.21-22). O Senhor alertou que uma simples palavra pode ferir de morte a autoestima de alguém. Cuidado com as sentenças que saem de sua boca. Elas podem ser tão mortíferas como tiros de uma arma de fogo. Cada frase proferida sempre causa um efeito. Bom ou mau. Quando elogiamos o trabalho realizado por uma pessoa, ela sente-se completa, feliz e reconhecida. Se criticamos impiedosamente o que foi feito, matamos a pessoa por dentro, prejudicamos sua autoestima. Ao ressaltar as virtudes de um indivíduo, mesmo na ausência dele, colaboramos para o seu crescimento. O oposto também é igualmente verdadeiro. Quando fofocamos, destacamos defeitos ou mesmo mentimos a respeito de alguém, estamos assassinando sua reputação.

Nossas palavras podem ser uma arma mais destruidora do que um revólver ou uma bomba. Não mate as pessoas. Não mate a autoestima delas. Quando você ri, despreza ou debocha de alguém, torna-se um homicida emocional. Não suje suas mãos de sangue: respeite o próximo, suas escolhas, sua vida, seus gostos. A tolerância é uma virtude que deve ser cultivada para fazer florescer os relacionamentos.

Muitos estudos demonstram o poder que os pais e professores têm sobre a vida e o desempenho de quem está sob sua autoridade. Em especial as crianças levam muito a sério o que é dito por eles. Há palavras e frases que, por seu conteúdo e entonação, marcam negativamente uma vida para sempre. Não faz sentido considerar hediondo matar uma criança e não ter a mesma convicção sobre condená-la a uma vida com autoestima ferida ou com sentenças de fracasso marcadas em sua alma.

Marido e mulher também têm grande poder de destruição do seu cônjuge, caso usem o que conhecem do outro para ofender ou diminuir. Muitos homens são especialistas em destruir a autoestima de suas parceiras. Seja com palavras, gestos, seja até mesmos olhares, é preciso cuidar para não promovermos a morte de uma das partes mais importantes da pessoa que está próxima de nós: sua autoimagem, autoestima, dignidade e respeitabilidade.

Não mate o planeta

Embora o sexto mandamento refira-se especificamente à morte de seres humanos, precisamos lembrar que, ao matar o ambiente onde um ser vive, estamos promovendo indiretamente a morte desse ser. Por isso, o cuidado com o planeta é também o cuidado com as pessoas que nele habitam. Você pode cuidar de seu corpo e sua mente, não maldizer as pessoas e, ainda assim, ser um assassino. Temos de refletir sobre o que temos feito com o lugar no qual Deus nos pôs para viver.

De acordo com os primeiros capítulos do livro de Gênesis, o Criador plantou um jardim e delegou ao homem as tarefas de *cuidar* e *guardar*. A harmonia não foi duradoura e, em pouco tempo, o homem transgrediu as regras estabelecidas. Desde os tempos de Adão, a desobediência aos princípios divinos tem provocado danos à natureza. Segundo o profeta Isaías, "a terra está contaminada pelos seus habitantes, porque desobedeceram às leis, violaram os decretos e quebraram a aliança eterna" (Is 24.5).

Sem consciência ambiental, quase todos os dias temos contribuído para a degradação do planeta. Jogar o lixo em local impróprio, andar com o carro desregulado e desperdiçar água na hora do banho são atitudes aparentemente sem importância mas que, na realidade, põem em risco toda a população.

Ecologia virou um termo em voga. Diversas organizações não governamentais foram criadas para salvar pandas, tartarugas e florestas. Outras destacam o valor da reciclagem. Grandes atos são necessários, concordo. Mas, também é vital conscientizar as pessoas de que pequenos atos têm enorme valor. Como em outras áreas, a ignorância tem preço altíssimo. Segundo pesquisas, cerca de 30% dos alimentos são desperdiçados no Brasil todos os anos, tanto na produção quanto no consumo. Para complicar ainda mais o panorama, o lixo alimentar brasileiro é o mais volumoso do mundo. Imagine a quantidade de pessoas que poderiam ser alimentadas se o desperdício fosse reduzido em alguns pontos percentuais.

Outro tema em evidência é o clima. É fato que o aumento da temperatura tem consequências terríveis. As geleiras derretem, o nível dos mares sobe, cidades litorâneas são submersas. Contudo, como as projeções dizem que os desastres não vão acontecer em pouco tempo, muitos perdem a noção da urgência, afinal, "quando tudo isso acontecer, já terei morrido há muito tempo". Mas devemos pensar no próximo, não apenas naquele que vemos ou é nosso contemporâneo, mas também nas gerações que virão. Devemos pensar no mundo em que viverão nossos filhos, netos e bisnetos. Será que deixaremos para eles um planeta menos poluído e mais equilibrado ou um ambiente destruído, com escassez de água, excesso de poluição, doenças e péssimas condições de vida?

O livro *Missão Integral: Ecologia & Sociedade*, escrito por dezesseis autores e organizado por Paulo Roberto Borges de Brito e Solange Cristina Mazzoni-Viveiros, fornece dicas práticas para a mordomia ambiental em relação ao consumo responsável, outra área que temos negligenciado:

Adotar a "simplicidade voluntária" como estilo de vida; buscar qualidade e evitar produtos com grande impacto ambiental; recusar produtos derivados de espécies em extinção; levar em conta a biodegradabilidade do produto; praticar os três Rs: *reduzir, reutilizar* e *reciclar*.

O desafio está lançado.

Lembre-se: preservar a sua vida e a dos outros traz benefícios para seu corpo e sua mente, para aqueles que vivem ao seu redor e para o planeta.

PARA SABER MAIS

Os ecologistas cristãos sabem e pregam que a vontade perfeita, divina, necessária para a formulação do conceito de harmonia é revelada e confirmada em Jesus Cristo de uma maneira clara, normatizando e preservando a harmonia interior do homem e deste modo regulando todas as suas relações com os outros homens e deles para com todo o universo criado em Deus (quando digo em Deus, não digo dentro de Deus, que é panteísmo, digo em Deus, segundo as normas de Deus).

O conceito de crime ecológico nada mais é que a ação criminosa (imoral) do homem, grupo de homens ou de toda a sociedade sobre o meio que lhe circunda, pois põe em risco a vida, e preservar a vida é ato moral. Sendo ação humana muitas vezes consciente e livre realiza uma ação interior, uma ação moral. Portanto a ação que resulta em crime ecológico é uma ação moral, pois se não fosse moral não haveria crime (um animal não comete crime ambiental). Assim sendo, o conceito de crime ecológico é inferior e está contido no conceito de crime, pois o primeiro antecede o segundo e é a sua causa.

Muito diferente é o conceito de acidente ecológico que é sempre um acontecimento fortuito, infeliz, lamentável. Assim entendido, ambos os conceitos citados acima estão contidos no conceito cristão de pecado. O pecado, sob a ótica do Direito, e da Teologia, é enquanto ofensa a vontade de Deus (Sagradas Escrituras e Mandamentos) é, num só tempo, lesão a harmonia e lesão aos direitos de outrem, e por consequência é causador de perturbação grave na ordem do ambiente moral, social e físico no entorno do homem, que pode ser entendido como crime ecológico, tanto pela ótica da revelação como pela ótica da lei natural. Concluímos, portanto que não haverá verdadeiro espírito ecológico enquanto houver perseverança no pecado, seja essa perseverança individual ou coletiva.

Não haverá ecologia onde não houver amor e temor de Deus, onde houver licenciosidade das relações sociais e, portanto sexuais, onde houver intemperança, ganância orgulho.

"A ecologia cristã", em *O Estado do Paraná*[2]

Dicas para uma vida melhor

- Não mate os outros (honra, imagem e autoestima também).
- Não pratique o suicídio, nem mesmo aos pouquinhos (suicídio a prazo).
- Não mate sonhos e alegrias. Nem os seus nem os de ninguém.

CAPÍTULO 11
Invista em seu casamento

7º mandamento
Não adulterarás.

Êxodo 20.14

CASAMENTO, PARA MIM, não é feito de papel passado. Entendo que é um compromisso, um acordo, um negócio não financeiro, estabelecido pela vontade de duas pessoas que, por alguma razão, querem ficar juntas. Assim, aposto (eu e a lei!) no "amigado com fé, casado é". Não estou preocupado com as formalidades da sua parceria amorosa, mas ficarei feliz se ela estiver bem. A Constituição Federal prestigia o casamento, mas assegura derrota às uniões estáveis, as quais pretende que se convertam em casamento. E concordo com o psicanalista Rubem Alves, quando diz que a única pergunta que o padre ou o pastor deveria fazer é: "Você acha que vai conseguir conversar com essa pessoa pelo resto da sua vida?".

Dito isso, vamos falar do mandamento e do que ele abarca. Sei que o assunto é delicado. Não ceda à tentação de pular a leitura deste capítulo, mesmo sob a desculpa de "não sou casado" ou "não sou comprometido". Ao final, você descobrirá que esse mandamento é tão importante para os solteiros como para os casados e comprometidos. Algumas perguntas para iniciar nossa reflexão: como você reage quando sente atração por outra pessoa que não é seu namorado ou cônjuge? E se ele (ou ela) cair na mesma tentação? Como restaurar um relacionamento quando houve quebra de confiança?

Outra questão importante. Você investe regularmente em seu relacionamento ou tem necessidade de sair à procura de novidades? Quando isso acontece, normalmente suscita uma série de mentiras que terminarão por corroer a base da relação e provocar ruína total em algum tempo. O sofrimento desse tipo de ocorrência comum atinge não apenas os envolvidos, mas também todo o círculo mais próximo, constituído por família e amigos.

A almeja contínua de novos prazeres é um sinal de imaturidade, tanto de homens quanto de mulheres. Acredito que a maturidade e a experiência nos estimulam a aperfeiçoar cada vez mais o relacionamento, preciosidade que requer a máxima atenção para que permaneça estimulante e prazeroso. Amigos que mudam de mulher a cada semana já me confessaram que chega uma hora em que todas lhes parecem iguais. Se a sensação de novidade se desvanece cada vez em menos tempo, por que não manter a tentação sob controle e investir em uma relação sadia e duradoura?

A lealdade é uma qualidade em decadência em vários setores. Sua ausência provoca relacionamentos superficiais, tanto nas amizades quanto em namoros. Investir tempo em uma pessoa na qual você não pode confiar e com quem não tem como compartilhar seus anseios e projetos é garantia de uma série de frustrações futuras para os dois lados.

Quando Deus diz "não adulterarás", está desafiando você a aperfeiçoar o caráter, crescer em maturidade e viver de acordo com os valores em que afirma acreditar. Infiéis contumazes criam tantas histórias para acobertar seus deslizes que passam a viver em uma espécie de mundo virtual, que existe apenas em sua imaginação. Às vezes, ficam em jogos digitais nos quais assumem personalidades de gente rica ou latifundiários, por exemplo, ou seja, migram para o mundo virtual digitalmente. Avatares de si mesmos, são incapazes de controlar as reações alheias, subjugando as pessoas a seus instintos e caprichos. No entanto, basta apertar a tecla *off* do computador para a ficção ceder ao mundo real. Como C. S. Lewis mostrou com maestria em seus livros, até no mundo imaginário a maldade pode ser vencida. Aproveite enquanto há tempo.

A quem interessa a fidelidade?

Você já deve estar acostumado a ouvir falar desse assunto sobre o prisma dos interesses de Deus ou os de seu parceiro. Não é por esse caminho que desejo seguir. Quero lhe perguntar: a fidelidade eventualmente não pode ser algo do seu interesse? Sim, porque é normal as pessoas acharem que precisam ser fiéis para Deus não mandar um raio na sua cabeça ou apenas para seu cônjuge ter o monopólio de seu tempo e das atenções afetivas. Mas a verdade é que, se você está insatisfeito com seu marido ou sua esposa, provavelmente não está muito disposto a prestar-lhe esse tipo de homenagem. E não é de hoje que, quando uma relação não vai bem, a pessoa insatisfeita também dirige seu ressentimento contra Deus. Isso começou no Éden!

Ou você não se lembra que Adão, depois de toda a bagunça, virou-se para Deus e disse: "A mulher que me deste...".

Quando estamos carentes, o Senhor também vira culpado de nossa insatisfação. Portanto, não vou falar sob o prisma dos interesses de seu cônjuge e Deus, mas do seu.

Há quem diga que a ideia dos mandamentos era controlar a sociedade, as relações sociais, e, para isso, era preciso proibir o adultério, o furto e outras atitudes perniciosas. Só que Jesus destrói essa ideia. Ele diz para você nem mesmo pensar em adulterar. Se alguém sair com o cônjuge de outro não afeta o funcionamento do céu, muito menos vai afetar se alguém pensa de modo lascivo no cônjuge alheio. Deus diz para você não ficar pensando no marido ou na mulher de outra pessoa também para que você não se frustre. Sim, porque, se você não consegue ter relações com tal pessoa, fica frustrado. Se consegue, tem uma boa chance de ficar mais frustrado ainda, preocupado ou angustiado algum tempo depois. Pois, quando um dos dois se cansar do caso extraconjugal ou quando um dos dois — ou os dois — quiserem continuar juntos e tiverem de administrar separações, mágoas e outros problemas isso gerará muitas dores emocionais.

Pior, percebemos que, em grande número de vezes, os amantes que se separam para ficar juntos não ficam! Isso acontece porque uma coisa é ter uma relação eventual, com todos perfumados e debaixo de uma aparente perfeição, e outra é a relação do cotidiano, que pode ter ou não partes boas — mas que sempre tem as partes difíceis, como pagar contas, resolver problemas e administrar as dificuldades de criação dos filhos.

Depois de muito tempo acompanhando histórias e mais histórias de casamentos frustrados e "cercas puladas", posso dizer que, em boa parte das vezes, o que os responsáveis estão buscando é admiração, romance, carinho, elogios, intimidade, leveza. E, pior, depois de uma fase inicial, quando isso tudo até pode acontecer, vem uma conta enorme, que pode adquirir várias formas. A proposta é, então, tentar obter o suprimento para essas necessidades com a pessoa mais indicada para isso: aquela que *já* dorme ao seu lado todas as noites! Pode parecer difícil, quase impossível, às vezes, mas seu cônjuge é quem mais conhece você e é a melhor indicação de pessoa para se criar uma relação forte o suficiente que permita lidar bem com a rotina. O que não falta são relações fora do casamento leves e tranquilas, até o dia em que precisam assumir o peso das tarefas do cotidiano.

Uma só carne

Ao examinar o quarto mandamento, enfatizamos a importância de observar pausas e fugir da rotina. Para muitas pessoas, essa necessidade é suprida pela amante ou o amante. Não só a fuga, como a necessidade natural de receber carinho, atenção, de ser admirado, desejado. Contudo, essa fuga pode muito bem ser feita com o próprio cônjuge. Seria algo muito mais simples, seguro e, até mesmo, barato.

A Bíblia afirma que nos tornamos uma só carne quando nos casamos. Portanto, se você trai seu cônjuge, também se trai. Na relação conjugal, não há fracassos individuais. Da mesma forma que o sucesso de um se estende ao outro, o fracasso também é do casal. Isso significa ser "uma só carne". O "eu" deve ser substituído pelo "nós"!

A verdade é que, se você não está com tempo para investir em um parceiro, será que vai ficar mais fácil investir em dois? Ou três? Você, provavelmente, não gostaria de ser traído pelo seu cônjuge. Por que, então, não pensa em evitar ser o traidor? Quando se divide uma relação entre duas pessoas (ou três, ou quatro...), talvez se esteja fazendo um mau negócio.

Claro que a variedade tem sua graça. Mas a verdade é que, a partir daí, nenhuma das duas (ou três, ou quatro...) relações é completa. E não creio que você vai alimentar a ilusão de que aquilo que não é completo para você será para o outro. Se o outro também está incompleto e carente, em pouco tempo haverá mais brechas e rachaduras na represa.

O seu cônjuge pode vir a traí-lo também e, em geral, isso não deixa ninguém satisfeito. A não ser que você lide bem com a ideia de que "chumbo trocado não dói". Ou, em outras palavras, "vento que venta aqui, venta lá".

Segundo o dicionário Aurélio, adulterar significa "misturar ou colocar alguma coisa diferente, ruim, em algo que é original, bom". No adultério, desrespeitamos uma aliança firmada. Às vezes, diante de Deus, às vezes não, mas certamente sempre rompemos votos de fidelidade feitos no momento da união (o casamento, o morar junto e por aí vai). Por meio de nossos atos, afirmamos egoisticamente que não nos importamos mais com o outro e, para satisfazer nossas vontades, passamos por cima de tudo e todos.

Certo tipo de carência afetiva pode aparecer tanto nos homens quanto nas mulheres casados. Basta que as necessidades de apoio, afeto e intimidade não sejam supridas para que a luz amarela de advertência se acenda. Perigo à vista. Hora de correções na rota. Seu cônjuge pode estar desejando outra pessoa porque você não está mais suprindo as necessidades dele. Se vier a trair você, neste caso a culpa também é sua. Costumo falar em minhas palestras que o ser humano precisa de beijo na boca e de intimidade. Não seja negligente! A Bíblia condena o adultério, mas, se você não cuidar de sua relação afetiva, está concorrendo para aumentar suas próprias chances de ser alvo de traição. A melhor forma de alguém não querer beber água é estar com a sede saciada. Qual é o desafio, então? Fazer que essa vida em comum seja de alta qualidade (não apenas satisfatória) para ambos. Tratar de cuidar de seu par da melhor maneira possível. Só assim essa pessoa estará "imunizada" contra oportunidades que eventualmente surjam. Não se trata, portanto, apenas de evitar a tentação do adultério para si, mas também para quem compartilha a vida com você.

Este não é um assunto fácil, nem existem fórmulas prontas, mas há desafios a serem vencidos para que o adultério seja uma opção pouco atraente — ou *não* seja uma opção. Se um dos cônjuges desconhece ou ignora de forma deliberada as dificuldades vividas pelo outro, dificilmente caminharão no mesmo ritmo e a cada dia a distância entre eles aumentará.

Se estiver sofrendo a tentação de viver um romance fora do casamento, anteveja onde isso vai dar. Procure resolver as carências dentro da própria relação em que já está. E, claro, evite a pessoa que põe em risco sua relação conjugal. A partir do momento em que as carências forem compartilhadas com seu cônjuge, se a relação entre vocês for verdadeira, encontrarão caminhos e soluções. Caso existam tensões mal resolvidas no casamento — o que enfraquece o vínculo e pode levar você a buscar outras pessoas — lembre-se de sistematicamente conversar sobre as dificuldades e fortalecer a relação. Faça de seu cônjuge cúmplice, conselheiro e porto seguro.

C. S. Lewis escreveu que "a monstruosidade das relações sexuais fora do casamento é que os que concordam com elas procuram isolar uma espécie de união (a sexual) de todas as outras espécies de união, que foram destinadas a coexistirem e a formarem a união total". Não vou dizer que não existem pessoas que se sentem felizes com essa opção, quero apenas que você reflita sobre as terríveis consequências que pode ter de enfrentar. São sempre escolhas pessoais, ressalto, que inevitavelmente gerarão resultados — positivos ou negativos.

Unidos para sempre

O evangelista Mateus registra um comentário de Jesus sobre o adultério: "Vocês ouviram o que foi dito: Não adulterarás. Mas eu lhes digo: Qualquer que olhar para uma mulher e desejá-la, já cometeu adultério com ela no seu coração" (Mt 5.27-28). Ao contrário do que apregoa o equivocado ditado popular "longe dos olhos, longe do coração", o Senhor esclarece que os mandamentos vão muito além de uma simples lista de "faça-não-faça".

De acordo com as palavras do Mestre, a existência do adultério não exige a ocorrência na prática. O simples desejo já é suficiente para configurar a infidelidade. Esse raciocínio provavelmente levará alguns apressadinhos a pensar: "Se imaginar o fato já é pecado, melhor consumá-lo de uma vez!". Sempre existem aqueles que antecipadamente buscam argumentos e desculpas enquanto engendram fazer o que não devem.

Obviamente, quando há apenas o desejo, a tentação, trata-se de algo menos grave, porque não acarreta maiores consequências externas. Contudo, quando o mal encontra terreno fértil no coração, o caminho para a traição é sensivelmente encurtado. Basta um conjunto de circunstâncias e falta de atenção para depois sofrer consequências que vão desde a culpa até o desfecho triste de inúmeros casos de traição: o divórcio.

Tudo isso, porém, ainda diz respeito à lei, e Jesus quis ir muito mais adiante. Não basta que alguém deixe de trair seu cônjuge meramente por medo ou para cumprir uma determinação que muitos classificam de "legalista". O que Cristo propõe é que a pessoa cultive seu relacionamento o suficiente para que nem sequer passe pela sua mente a possibilidade de desestruturar algo sagrado, que lhe proporciona alegria e incontáveis momentos de felicidade compartilhada.

É importante salientar que Deus instituiu o casamento, a relação entre um homem e uma mulher. Ele tem todo o interesse de que esse relacionamento seja estável, pleno, maduro e feliz. Por isso, este mandamento não envolve apenas a relação entre um casal. O respeito ao sexo oposto deve anteceder o casamento.

Infelizmente, parece que a sociedade desistiu. A campanha pelo uso do preservativo é mais disseminada do que a de valorização da relação entre os sexos. Esperar o momento certo, dentro do vínculo matrimonial, torna-se cada vez mais difícil, não só devido à perda de valores éticos e morais, mas também pelo bombardeio constante de sensualidade nas novelas, nos filmes e nas revistas expostas nas bancas de jornais, entre outras mídia. Sem contar a pornografia explícita disponível para pessoas de qualquer idade ao simples clique de um *mouse*.

Uganda conseguiu reduzir a Aids sugerindo a fidelidade entre os cônjuges, mas falar sobre isso no Brasil é considerado retrógrado e conservador. Essa não é uma novidade, a fidelidade reduz drasticamente os riscos de infecções e doenças. Basta observar algumas comunidades virtuais de jovens para ver a disputa de quem "ficou" com mais parceiros durante as férias ou quantas meninas agarrou no último Carnaval. O envolvimento foi reduzido a uma mera questão estatística e a promiscuidade ocorre igualmente para rapazes e garotas. Sem amor e respeito pelo próprio corpo e o do seu próximo, provavelmente a insatisfação será companheira no leito conjugal.

Interessante observar que, se você chegasse a um país onde todas as propagandas fossem feitas com comida, chegaria à conclusão de que é um lugar onde faltam alimentos. No nosso caso, o excesso de apelo sexual parece demonstrar que, embora haja quantidade de sobra de acesso ao sexo, aparentemente a qualidade e a satisfação proporcionadas não estão no mesmo nível.

Esse mandamento é um chamado à construção de uma relação sólida entre o casal, baseada no respeito mútuo, na confiança e na plena satisfação de ambos. Um parceiro é suficiente para satisfazer as necessidades afetivas, sexuais e sociais. E, se não der conta disso, provavelmente não serão muitos que conseguirão — afinal, a relação obviamente não estará recebendo toda a atenção, o foco e o investimento possíveis e que poderiam resultar em um relacionamento satisfatório, agradável e exclusivo.

Deus ama você — nunca duvide — com seus pecados e defeitos, embora ele o chame constantemente ao arrependimento. As Escrituras revelam que o Senhor está sempre pronto a perdoar. Contudo, esse amor também deve nos motivar a trilhar com convicção o caminho da pureza e da maturidade. Ele sabe o que é melhor para todos os seres humanos! Quem cuida do que possui não tem tempo de arriscar o olho para o quintal do vizinho. É assim, aperfeiçoando nosso próprio espaço, que construímos uma vida de grande significado e aproveitamos todos os nossos potenciais.

Um último ponto importante: embora esse mandamento tenha um sentido prático muito grande nas relações interpessoais, devemos também analisar o aspecto espiritual. Muitas vezes, na Bíblia, o relacionamento entre Deus e seu povo é apresentado metaforicamente como uma relação entre a noiva (Igreja) e o noivo (Cristo). Assim como uma relação fica frágil se é baseada no interesse — se o homem ou a mulher só se casa ou mantém uma amizade para se aproveitar do carro, do dinheiro, do sucesso ou da dedicação do outro —, nossa relação com Deus também não pode ser baseada no interesse de termos uma vida fácil, o casamento perfeito, o emprego dos sonhos, enfim, a prosperidade que muitos pregam.

O "casamento" com Deus muitas vezes sofre abalos ou até mesmo termina quando perdemos o emprego, sofremos um acidente ou morre alguém que amamos bastante. Tudo isso, então, acaba se tornando uma "justificativa" para trair o Senhor e procurar um relacionamento mais feliz em outros lugares. Deus não nos prometeu uma vida cheia de riquezas materiais e saúde física o tempo todo. Ele nos chama para uma relação de confiança e dependência. De fidelidade e amor. Assim como deve ser nossa relação no casamento.

PARA SABER MAIS

Sim, nós valorizamos a fidelidade sexual no casamento. Não é simplesmente uma preocupação moral ou religiosa, embora a maioria das religiões realmente exija a fidelidade no casamento. Nossa preocupação com a fidelidade sexual no casamento se baseia em nossa humanidade. Tem que ver com integridade de caráter. Está ligada à nossa necessidade emocional de amor. Surge do desejo que uma pessoa tem de manter um relacionamento exclusivo com alguém que não apenas vai valorizá-la acima dos outros, mas também a quem ela possa ser plena e totalmente dedicada. É o senso interior de compromisso que dá estabilidade ao casamento. A infidelidade sexual destrói essa segurança e deixa atrás de si medo, dúvida, desconfiança e um senso de traição.

Gary Chapman, em *Castelo de cartas*

Dicas para uma vida melhor

- Torne a relação com seu cônjuge interessante o suficiente para você não querer o que é dos outros.
- Se um parceiro já dá trabalho (e despesas), imagine dois!
- Um parceiro é suficiente para você se divertir e aproveitar a vida. Se não está com tempo para investir em uma relação que seja satisfatória, ficará mais difícil conseguir isso para duas ou mais.

CAPÍTULO 12
Respeite o que é do outro

8º mandamento
Não furtarás.
Êxodo 20.15

QUANDO PENSO NA determinação de Deus para não furtar, logo me vem à mente o décimo e último mandamento e a expressão "não cobiçarás". Trataremos da cobiça mais para a frente. No caso do oitavo mandamento, Deus nos fala de um ato consumado, um acontecimento, algo que você faz contra o próximo (e, às vezes, contra si mesmo). De que modo você pode obter o que deseja na vida conservando a sua integridade? Se for um empresário, será que tem remunerado corretamente os seus funcionários ou os tem explorado? Se for um empregado, tem agido corretamente com o seu chefe?

Assim como vimos anteriormente que matar e cometer homicídio parecem a mesma coisa mas têm suas diferenças, *roubar* e *furtar* também são verbos com significados sutilmente distintos. Resumidamente, o roubo pressupõe a presença da vítima, mediante o uso de violência (física ou emocional). Já o furto é ardiloso, calculado, pelas costas, algo que só se descobre depois (e, às vezes, nem se descobre). Como você pode furtar algo? Não vejo o furto de uma forma tão claramente definida como o ato do assaltante. Por exemplo, creio que está furtando quem enriquece à custa do outro, mediante expedientes lícitos ou ilícitos. Também furtamos quando tiramos algo de alguém, ficamos com alguma coisa que não nos pertence, seja ela material ou mesmo intangível, como, por exemplo, o tempo. Repare que o lucro exagerado é biblicamente considerado defraudação. Logo, pela lei civil é algo que pode ser lícito, mas, biblicamente, é ilícito e, por isso, podemos compará-lo a um furto.

Com esse mandamento, Deus sugere que você compare o seu comportamento diário com o daqueles que não têm uma aliança com ele, para perceber se há alguma diferença. Você não pode simplesmente viver uma vida igual a de todas as pessoas que não acreditam em Deus.

Acredito que todos os mandamentos estão intimamente relacionados. Por isso, novamente retomo a questão da honra. Devemos honrar a Deus, nossos pais e, sem dúvida, nosso empregador ou nossos empregados. Caso você seja funcionário de uma empresa, como utiliza o tempo durante o horário de expediente? Executa suas tarefas com dignidade e presteza ou faz hora para matar o tempo? Se perceber que não trabalha como deveria, você está furtando a empresa.

Em tempos modernos, muitas coisas desviam nossa atenção daquilo que deveríamos fazer. Por exemplo: você usa a internet e seu *e-mail* funcional de forma desordenada? Imprime páginas e mais páginas de papel na impressora do trabalho para seu uso pessoal, sem a anuência de seu superior?

Utiliza o telefone o tempo todo para falar com amigos ou resolver negócios pessoais? Leva umas canetas a mais para sua casa, pois, afinal, "ninguém está vendo" ou, pior, "todo mundo faz isso"? Ao furtar seu chefe, você desonra o nome dele, o de sua empresa, seu próprio nome, o de sua família (portanto, o dos seus pais) e o de Deus. Caso seja descoberto, será sempre alvo de desconfiança, além de correr o sério perigo de perder o emprego.

Da mesma forma, o patrão "furta" seus empregados quando não recolhe as garantias empregatícias, como FGTS e INSS, ou quando deixa de fazer o pagamento de horas extras. Infelizmente, certas práticas são tão comuns que pouca gente percebe os princípios que são violados a cada vez que isso ocorre. Juridicamente falando, esse "furto" pode ter outros nomes, como "apropriação indébita", mas, para facilitar a compreensão da ideia, vamos usar o termo "furto".

Todos esses cuidados também são necessários no meio eclesiástico. Expedientes antibíblicos para aumentar a arrecadação de dízimos e ofertas são uma maneira ardilosa e camuflada de furtar os fiéis. Igualmente, se os recursos obtidos na igreja são investidos apenas para proporcionar uma vida luxuosa aos líderes, a congregação está sendo furtada, assim como quem seria ajudado por eventual ação social da igreja. O texto a seguir repete alguns mandamentos, porém com algumas orientações diferentes.

> Quando fizerem a colheita da sua terra, não colham até as extremidades da sua lavoura, nem ajuntem as espigas caídas de sua colheita. Não passem duas vezes pela sua vinha, nem apanhem as uvas que tiverem caído. Deixem-nas para o necessitado e para o estrangeiro. Eu sou o SENHOR, o Deus

de vocês. Não furtem. Não mintam. Não enganem uns aos outros. Não jurem falsamente pelo meu nome, profanando assim o nome do seu Deus. Eu sou o SENHOR. Não oprimam nem roubem o seu próximo.

Levítico 19.9-13

Observe que Deus nos orienta não só a não furtar e não mentir, mas também a não enganar os outros. Até a advertência contra a retenção do pagamento de funcionários faz parte da mesma lista de proibições. Com tristeza, observo que as instruções de suprir alimentos para os necessitados têm sido tão negligenciadas como os outros mandamentos. Dentro e fora das igrejas.

Vantagem em tudo

Vivemos em um país no qual as leis são desrespeitadas o tempo todo. Ainda assim, somos pródigos em estabelecer expedientes criativos que assumem caráter de "leis informais". O Brasil é conhecido pelo "jeitinho", eufemismo que sinaliza a disposição de usar maquiavelicamente quaisquer meios para obter determinados fins.

Em 1976, um comercial dos cigarros Vila Rica inspirou a famigerada lei de Gérson. Em tempos de legislação ainda frouxa para propagandas de cigarros, o ex-jogador da seleção brasileira de futebol dizia que o importante era "levar vantagem em tudo". Foi o suficiente para simbolizar o ato de se aproveitar de todas as situações em benefício próprio, jogando a ética para escanteio. Essa lei informal ainda continua em vigor em uma sucessão quase infindável de situações. A "caixinha" para o guarda a fim de evitar a multa, não pedir nota fiscal para obter desconto na mercadoria e conseguir recibos de um médico amigo para amenizar o valor do Imposto de Renda são alguns expedientes comuns. Comprar *software*, CDs e DVDs piratas também é uma infração que não pode ser atenuada sob o argumento de que os legítimos são caros.

Mesmo que você não tenha cometido nenhuma dessas modalidades de furto, deve se indignar com o fato de ninguém se incomodar mais por sermos conhecidos como o "país da impunidade". Será que os cristãos têm dado bons exemplos de conduta ou temos nos omitido também no campo da ética? Será que um país com tantos cristãos não deveria ser diferente? Ao não furtar o que é do próximo, na verdade declaramos que aquilo que conquistamos de forma legítima por meio do nosso trabalho é suficiente para nós e somos gratos ao Senhor, pois sabemos que ele nos proporciona todas as coisas. Uma vida correta ilustra a confiança de que Deus cuida carinhosamente de nós.

No Sermão do Monte, Jesus nos diz, entre outras realidades, que não devemos viver ansiosos por coisas vãs:

> Portanto eu lhes digo: Não se preocupem com sua própria vida, quanto ao que comer ou beber; nem com seu próprio corpo, quanto ao que vestir. Não é a vida mais importante que a comida, e o corpo mais importante que a roupa? Observem as aves do céu: não semeiam nem colhem nem armazenam em celeiros; contudo, o Pai celestial as alimenta. Não têm vocês muito mais valor do que elas? Quem de vocês, por mais que se preocupe, pode acrescentar uma hora que seja à sua vida? Por que vocês se preocupam com roupas? Vejam como crescem os lírios do campo. Eles não trabalham nem tecem. Contudo, eu lhes digo que nem Salomão, em todo o seu esplendor, vestiu-se como um deles. Se Deus veste assim a erva do campo, que hoje existe e ama-

nhã é lançada ao fogo, não vestirá muito mais a vocês, homens de pequena fé? Portanto, não se preocupem, dizendo: "Que vamos comer?" ou "Que vamos beber?" ou "Que vamos vestir?" Pois os pagãos é que correm atrás dessas coisas; mas o Pai celestial sabe que vocês precisam delas. Busquem, pois, em primeiro lugar o Reino de Deus e a sua justiça, e todas essas coisas lhes serão acrescentadas. Portanto, não se preocupem com o amanhã, pois o amanhã trará as suas próprias preocupações. Basta a cada dia o seu próprio mal.

Mateus 6.25-34

Aceite o convite de Jesus e descanse sua vida nos braços de quem promete não deixar faltar nada aos seus filhos. Nele se pode confiar totalmente!

Você conhece o ditado popular "O pai rouba, o filho come, o neto passa fome."? Creio que esse adágio é uma grande lição de vida, um aviso gentil, uma verdade filosofal. Em geral, quando alguém rouba, consegue mais dinheiro e mais bens para si e para os filhos. O problema é que o filho está vendo essa atitude e isso acaba deformando seu caráter. Resultado: o neto paga. Às vezes, aliás, o próprio filho já paga, por achar que tirar dos outros funciona. Por isso, aprecio muito o texto de Provérbios 11.24: "Há quem dê generosamente, e vê aumentar suas riquezas; outros retêm o que deveriam dar, e caem na pobreza".

Você já se furtou hoje?

Há outro cuidado importante no que se refere ao oitavo mandamento: não furtar a si mesmo! Da mesma forma que não podemos "nos assassinar", também não devemos nos boicotar. Explico melhor: todos os dias, a vida nos oferece diferentes oportunidades. No entanto, temos a tendência de nos acomodar com o que temos, desperdiçando chances de aprimoramento em diversas áreas. Acredito que, enquanto estamos vivos, devemos continuar multiplicando os talentos que Deus nos confiou.

Mesmo que você já tenha concluído a universidade, há um sem-número de opções para ampliar o conhecimento em áreas específicas. De História da Arte e Teologia até cursos que podem funcionar como passatempo, como os de Gastronomia e Artesanato, certamente há modos variados de desenvolver aptidões e, assim, também fazer novas amizades. Em todas as épocas, o homem apresenta o hábito terrível de procrastinar, deixando sempre tudo para depois. Assim, inúmeros projetos são abandonados, sonhos morrem antes mesmo de nascer e o tempo desperdiçado nunca mais volta.

O início de ano é a época mais comum em que as pessoas fazem planos e estabelecem objetivos em diversas áreas. Infelizmente, as promessas se desvanecem em pouco tempo. Pesquisa realizada pela International Stress Management Association (Isma) no Brasil revelou que apenas 19% das pessoas cumprem suas resoluções de ano-novo. Cerca de 30% desistem na primeira semana e os demais, em um mês. Outro estudo feito pela Universidade de Hertfordshire, no Reino Unido, também apresenta perspectivas desanimadoras: em um grupo de três mil pessoas ouvidas no levantamento, apenas 12% alcançaram os objetivos fixados um ano após a promessa.

Não se furte de aproveitar as oportunidades que surgirão em sua vida. Também não abra mão facilmente de projetos em curso. Como disse o poeta Arturo Graf, "a perseverança é a virtude pela qual todas as outras virtudes frutificam".

Feliz no muito e no pouco

O que você tem feito com as bênçãos que Deus tem lhe concedido? A passagem que analisamos do livro de Levítico nos incentiva a sempre deixar algo para os mais necessitados, recomendação que também aparece no livro de Rute, no episódio que relata como os pobres recolhiam as sobras. Você tem se organizado de forma a ter o suficiente para si e ainda poder ajudar o próximo?

A sobra — ou o lucro, para alguns — não está relacionada a investimentos importantes para a garantia do futuro, como um plano de previdência ou uma eventual poupança destinada à realização de algum sonho. Não que isso seja incorreto. Economizar e investir são práticas importantes. Mas devemos estar atentos a não guardar somente para nós mesmos. É necessário dividir e abençoar quem tem pouco ou nada. Não se trata de esmola. Às vezes, podemos ajudar financeiramente alguém, mas também devemos dispor de nosso tempo e nossas experiências para "ensinar os outros a pescar". Somente dar o peixe talvez não seja suficiente para que a pessoa aprenda a não depender o tempo todo da generosidade de terceiros para sobreviver.

Quando não dividimos o que acumulamos (financeiramente ou em experiência), também furtamos do próximo e ajudamos a aumentar a grande desigualdade social, um dos problemas que assolam o mundo e são propulsores da violência e da falta de paz e justiça. Talvez Deus esteja perguntando a você: "Se eu abençoo sua vida com tanto, a ponto de você ter de sobra, por que é egoísta com quem tem pouco? Quem você poderia ajudar?".

E, então, vem a pergunta: por que Deus não abençoa essa outra pessoa também? É uma pergunta egoísta. Afinal de contas, no fundo, quem a faz está querendo deixar Deus cuidar do próximo, quando talvez o que o Senhor queira seja ensiná-lo a fazer isso. É possível que o Criador deseje desenvolver um coração doador e, com isso, fazer o indivíduo alcançar novos patamares pessoais e as bênçãos que são prometidas a todos os que ajudam o próximo — como é expresso, por exemplo, em Salmos 41.1 e em Provérbios 11.25.

Então, se você tem sobras, não apenas guarde e invista, mas também distribua. Eclesiastes 11.1 diz: "Atire o seu pão sobre as águas, e depois de muitos dias você tornará a encontrá-lo". Experimente lançar seu pão sobre as águas, ajudar, distribuir, e verá voltar multiplicado depois de algum tempo.

Por outro lado, devemos ser felizes a despeito do que acumulamos. Na fartura e na escassez. Nossas atitudes são um testemunho importante para aqueles que nos cercam, principalmente os filhos. Se eles percebem que os pais são gananciosos e usam de quaisquer expedientes para conquistar o que desejam, sem repartir nada com ninguém, a tendência é que sigam pelo mesmo caminho.

Deus conhece o nosso coração. Não adianta fingir que estamos felizes e satisfeitos. Se aquilo que nos move é enriquecer e tirar proveito das situações e das pessoas, isso não passará despercebido ao Senhor. Devemos ter sinceridade, inclusive na hora de admitir que não estamos contentes com a situação, pedindo a Deus que nos ajude a ter um coração agradecido, seja no muito, seja no pouco.

Por último, é importante observar que, se cometemos um furto, não devemos pôr uma pedra em cima. A reparação do pecado faz parte do aprendizado e da ética cristã. Embora seja difícil, procurar a pessoa lesada, confessar o erro e repará-lo é a atitude daquele que almeja ser servo e honrar o nome de Deus de todo o coração. Ao apropriar-se indevidamente do que é do outro, você pode crescer materialmente, mas moralmente vale cada vez menos. Na prática, o furto empobrece você.

PARA SABER MAIS

Até aqui, os mandamentos trataram de atos manifestos. Este trata de uma disposição interior — desejar o que é de outrem, o que não tenho, em vez de prezar o que tenho. Cobiçar é fantasiar uma vida diferente da que me foi concedida. Quando temos o hábito de cobiçar pessoas ou coisas (normalmente ambas), logo tramamos formas de impor nossa vontade sobre elas e conquistá-las a qualquer custo. Nada é sagrado. A cobiça é como uma infestação silenciosa de cupins; se não for detectada, as vigas acabam cedendo e o chão desaba. Nenhuma das nove palavras anteriores está imune à ação oculta e ardilosa da cobiça. A comunidade precisa permanecer vigilante.

Eugene Peterson, em *A maldição do Cristo genérico*

Dicas para uma vida melhor

- Viva com o que é seu, não com o que é dos outros.
- Não furte seus sonhos de si mesmo: vá buscá-los.
- Quem furta os outros um dia pode vir a ser descoberto. Como se diz que "a mentira tem pernas curtas", o furto também tem.
- Abrir mão de alguns desejos pode ser um ótimo negócio para ter mais tempo, paz e dinheiro.
- Se você pode ajudar alguém e não ajuda, isso é furto.

CAPÍTULO 13
Fale sempre o que é bom e verdadeiro

9º mandamento
Não darás falso testemunho contra o teu próximo.
Êxodo 20.16

NO QUINTO MANDAMENTO falamos do valor do nome e da importância de honrarmos o nome dos pais. Agora, somos advertidos em relação ao valor do nome daqueles que nos cercam. Uma palavra proferida não tem volta. Se falar que viu alguém fazer algo que sabe que essa pessoa não fez, não importa o motivo, você faltou com a verdade e poderá prejudicá-la para sempre.

Quase que diariamente os juízes se deparam com essa situação nos tribunais. Uma das partes faz uma afirmação, a parte contrária contesta e, geralmente, a solução do litígio exigirá o depoimento das testemunhas. Antes do depoimento, o juiz tem a obrigação de compromissar a testemunha a dizer a verdade, sob pena de ela correr o risco de ser processada pelo crime de falso testemunho (perjúrio). Mesmo assim, em nome da amizade ou de compensações (financeiras ou não), muitas testemunhas mentem descaradamente.

Isso dificulta a ação do juiz, pois a falta com a verdade pode conduzir a um erro judiciário. Muitas vezes, a testemunha pode até não mentir, mas omitir a verdade. O peso e as consequências são os mesmos.

Não é só nos tribunais que a omissão da verdade ou o falso testemunho destrói vidas. No nosso dia a dia, somos confrontados com a opção de falar bem ou mal de alguém. De esclarecer um fato ou aumentá-lo. De elogiar uma pessoa ou destruí-la com comentários negativos.

Em inglês, esse mandamento afirma: *"You shall not bear false witness against your neighbor."* A palavra *neighbor* pode ser traduzida como *próximo* ou *vizinho*. É verdade que o texto original se refere a toda e qualquer pessoa, mas, quando pensamos literalmente no vizinho — aquele que faz barulho de madrugada, coloca o lixo na frente do portão de sua casa ou tem um cachorro que não para de latir — a coisa fica mais pessoal. Assim, se pensarmos no próximo que está mais perto de nós talvez fique mais fácil compreender e aplicar o mandamento.

Esse preceito vai além de não dar um falso testemunho *sobre* o próximo. Também serve para não mentir *ao* próximo. Ter uma palavra confiável e ser uma pessoa cujas afirmações são dignas de fé tem relação com o terceiro mandamento também. Se você disser sempre a verdade, em algum tempo as pessoas vão confiar mais em você. E isso não tem preço!

Claro, você pode se recusar a falar quando não quiser expor os fatos nem mentir. Por exemplo, se alguém pergunta: "Qual é o seu salário?" e você não quer revelar essa informação, mas também não quer faltar com a verdade, basta se posicionar: "Desculpe-me, mas esse é um assunto particular". Ou: "Desculpe-me, mas isso não é um assunto que eu fique à vontade para comentar".

Se é só para a verdade e coisas boas, o que faço quando a realidade for ruim? Cale-se, omita-se. Se não houver algo bom a falar, você não precisa fazê-lo. As verdades em geral vêm à tona por si mesmas, você não tem de ficar com o ônus de ter posto o tema na mesa. Se alguém é desonesto, não há por que você ser o algoz. Há uma chance de a pessoa ser descoberta e isso às vezes ocorre por ações (ou falhas) do próprio indivíduo. Salvo se você tem obrigação legal de agir, não é preciso assumir essa tarefa.

Além disso, sempre existem, em todas as pessoas e situações, um lado bom e um ruim, ambos verdadeiros. Foque no lado bom, fale as coisas boas.

Perguntas importantes

No que se refere a dizer a verdade no relacionamento com o próximo, existem alguns questionamentos que precisamos nos fazer constantemente e que nos ajudarão a seguir o mandamento:

- Quantas vezes ficamos calados quando alguém é injustamente acusado, por medo de não nos envolvermos ou pelo simples desejo de que a pessoa seja prejudicada?
- Quantas vezes suprimimos a verdade contra alguém?
- Quantas vezes falamos a verdade fora de hora para uma finalidade indevida (seja beneficiar, seja prejudicar alguém)?
- Quantas vezes não só acreditamos em fofocas ou boatos, mas também as repassamos, sem apurar a verdade?

Muitas vezes, me surpreendo cometendo um desses atos prejudiciais. E penso em como não voltar a fazer a mesma coisa. Nesses momentos, lembro-me de uma história da sabedoria popular, que alguns atribuem ao filósofo grego Sócrates e outros a um acadêmico árabe de Bagdá do século 13. Apesar da difícil comprovação de sua origem, as lições desse relato são muito úteis para combatermos a maledicência.

Certa pessoa encontrou-se com o sábio e lhe disse:
— Sabe o que acabei de ouvir acerca daquele seu amigo?
— Espere um momento — respondeu. Antes que me diga qualquer coisa sobre o meu amigo, gostaria de fazer um pequeno teste, que eu chamo de Teste do Filtro Triplo.
— Filtro Triplo? — surpreendeu-se o outro.
— Isso mesmo — continuou o sábio. Antes que me diga qualquer coisa sobre o meu amigo, acredito que seja uma boa ideia filtrar três vezes o que vai me dizer. Primeiramente, pelo Filtro da Verdade. Você está absolutamente seguro de que o que me vai dizer é certo?
— Não — disse o homem — Realmente só ouvi falar sobre isso e...
— Bem — interrompeu o pensador —, então você não sabe se é verdade ou não. Só isso já bastaria para eu não lhe ouvir. Mas vamos ao segundo filtro, o da Bondade. O que você tem a dizer sobre o meu amigo é algo bom para ele, para mim ou para a cidade?
— Não, pelo contrário, é bem desagradável...
— Então você quer me contar algo ruim sobre ele, mesmo sem estar certo de que seja verdade? Só para que saiba, se o que você quer falar tivesse passado pelos dois primeiros filtros, ainda assim eu o passaria pelo Filtro da Utilidade. O que você quer contar será útil para mim e para você, vai

aumentar minha sabedoria ou a estima que tenho pelo meu amigo?
— Não, na verdade não.
— Bem — concluiu o sábio — se o que você veio me contar não foi comprovado, não é bom e também não será útil para ninguém, por que você acha que eu desejaria saber?

Em todos os lugares

Em todos os lugares que fazem parte de nossa vida, podemos perceber quanto a fofoca pode ser usada de forma maliciosa. No ambiente profissional, são comuns comentários que, de forma velada ou explícita, diminuem o valor de realizações importantes de um colega que disputa uma promoção com outro. Mesmo passando mais tempo no escritório do que com a família, há pessoas que ainda não atentaram para as consequências terríveis acarretadas por trabalhar em um ambiente ruim e pouco amistoso.

Segundo o consultor de carreiras Max Gehringer, o *marketing* pessoal é um antídoto eficiente para a intriga nas empresas. Com o cuidado de não resvalar na autopromoção exagerada, é necessário divulgar tanto nossas qualidades quanto o que fizemos de bom. Alguém que não é capaz de se alegrar com suas conquistas já sinaliza que nunca será uma pessoa confiável na hora de compartilhar seus problemas e frustrações. Cuidado! Eu vou além: sugiro o *marketing* pessoal de terceiros. Fale bem dos outros, de suas qualidades e conquistas. Isso é poderoso.

O anedotário popular tem dezenas de piadas e trocadilhos infames sobre o tema "família". Sogras e cunhados ocupam lugar de destaque nesse rol um tanto preconceituoso. Será que todas as sogras são desprovidas de bom senso e adoram dar palpites na vida conjugal dos filhos? Tampouco é possível acreditar que todos os cunhados tenham problemas financeiros, peçam dinheiro emprestado e fiquem embriagados em todas as celebrações familiares. Funciona mais nas piadas do que na vida cotidiana.

Na verdade, o terreno familiar mostra-se tristemente fértil para sementes de hostilidade. Basta um comentário maldoso durante a ceia de Natal para frustrar a festa preparada com grande antecedência para o ano-novo. Não bastasse a incapacidade de perdoar — defeito presente em muitos lares — apresentamos grande desenvoltura na hora de discorrer sobre os defeitos e as falhas alheias.

Mais uma vez é preciso alertar que os filhos costumam ser moldados pelo comportamento dos pais. Muitos vexames já aconteceram porque o filho ingenuamente repetiu em público um comentário maldoso que ouviu em casa. As lições mais efetivas são aquelas que transmitimos silenciosamente. O exemplo costuma ser um professor eficaz.

A igreja pode ser chamada popularmente de congregação dos santos. Entretanto, basta lembrar a quantidade de confusões que acontecem dentro dela para perceber por que essa expressão não é muito lembrada. Sei de comunidades cuja divisão começou com uma simples fofoca e o problema assumiu dimensão tão grande que culminou em cisma. Como sempre acontece, os dois grupos não se falam até hoje e muita gente tem o coração apodrecido por mágoas e ressentimentos.

Infelizmente, o lugar que deveria ser caracterizado como um ambiente de comunhão e congraçamento é muito receptivo a fofocas e maledicências de todo o tipo. O problema não é novo e foi mencionado diversas vezes nas cartas do Novo Testamento como presente na Igreja do primeiro século.

Vivemos tempos estranhos, em que muitas pessoas vão aos templos como se fossem restaurantes. Reclamam da qualidade da refeição servida, ficam impacientes com eventuais demoras, falam mal das roupas dos outros frequentadores, se queixam do som alto... e se deixam o dízimo na igreja é a contragosto — do mesmo modo que se reclama dos 10% pagos em restaurantes.

O assunto é complexo. Assim como devemos pesar aquilo que dizemos para não ofender alguém, também devemos ser transparentes sobre o que falamos. A diferença está no momento em que dizemos algo para destruir uma vida e quando fazemos uma crítica construtiva, em amor. Assim como há pais que levam seus filhos à ira (o que Paulo adverte que não seja feito), há situações que conduzem à maledicência, seja pelo mau testemunho, seja pela ostentação de santidade para disfarçar uma vida repleta de falhas.

Dita a seu tempo e em amor, a verdade deve produzir crescimento e não trazer traumas ou ressentimentos. Em *O evangelho maltrapilho*, Brennan Manning adverte que "o Reino pertence a pessoas que não estão tentando fazer gênero nem impressionar ninguém, muito menos elas mesmas".[1] Fuja dessa armadilha!

O poder do elogio

Se falar mal da vida alheia é fácil, por outro lado poucas pessoas têm o hábito de elogiar. Sempre há o receio de o comentário parecer falsidade ou bajulação, mas o fato é que não refletimos na hora da crítica, contudo pensamos demais na hora de honrar alguém.

Em artigo antológico publicado na revista *Veja* há alguns anos, o consultor de empresas Stephen Kanitz usou o termo "validar" como sinônimo de "confirmar que uma pessoa existe, que ela é real, verdadeira, que ela tem valor". Essa é uma prática pouco usual nas empresas, nas famílias e nas igrejas, para citar apenas três dos ambientes contaminados pelo germe contagioso das fofocas. Segundo Kanitz, a "validação permite que pessoas sejam aceitas pelo que realmente são, e não pelo que gostaríamos que fossem. Mas, justamente graças à validação, elas começarão a acreditar em si mesmas e crescerão para ser o que queremos".[2]

Está na hora de descobrir que palavras de apoio e incentivo produzem resultados mais efetivos e duradouros do que críticas constantes, ainda que feitas em nome de buscar a "excelência". Milhares de pessoas já foram massacradas em nome do alto padrão de desempenho. Um cumprimento, um sorriso, um elogio ou um abraço tem o poder de motivar não apenas aquele que foi alvo do carinho. Todos ao redor serão alcançados por um gesto simples que deve ser constantemente incentivado.

Para que isso ocorra com mais frequência, alguns ingredientes são necessários: humildade, transparência, amor ao próximo, verdade. Outros precisarão ser eliminados: orgulho, fingimento, individualismo, mentira, vaidade, presunção. Ser verdadeiro consigo e para com o próximo, de forma transparente, é um dos instrumentos mais eficientes para resolver problemas e permitir o crescimento pessoal.

Uma das grandes lições do nono mandamento é a importância de olharmos para nós mesmos antes de falar mal do próximo. Vivemos tempos em que *ter* é mais importante do que *ser*. Quando vemos alguém que tem mais do que nós, a inveja pode nos levar à maledicência. Devemos sempre nos contentar com aquilo que temos ou conquistamos. Mas isso é assunto do próximo capítulo.

PARA SABER MAIS

O juramento é a prova da existência da mentira no mundo. Não tivesse o ser humano a possibilidade de mentir, o juramento seria desnecessário. Assim, o juramento é um entrave à mentira e, ao mesmo tempo, um fomento; se somente o juramento é garantia da veracidade última, a mentira recebe certo espaço na vida, tem certo direito de ser. A lei do Antigo Testamento recusa a mentira pelo juramento. Jesus, porém, recusa a mentira pela proibição do juramento. Aqui e lá a intenção é a mesma: a destruição da mentira. O Antigo Testamento havia combatido a mentira com o juramento, mas a mentira se apossara do juramento colocando-o a seu próprio serviço. Com o próprio juramento, a mentira assegurou seu direito de ser. Assim, pois, Jesus tem que atacar a mentira em seu esconderijo, no juramento. O juramento precisa ser eliminado, porque se transformou em baluarte da mentira.

Dietrich Bonhoeffer, em *Discipulado*

Dicas para uma vida melhor

- Fale sempre a verdade e nunca poderá ser desmentido nem desmoralizado.

- Jogue limpo e, mais cedo ou mais tarde, todos vão querer estar perto de você.

- Elimine as críticas, permitindo-as apenas em níveis mínimos.

- Aprenda a elogiar sinceramente as pessoas.

- Se não tiver algo bom e construtivo para falar... fique quieto.

CAPÍTULO 14
Seja grato pelo que tem e vá viver sua vida

10º mandamento
Não cobiçarás a casa do teu próximo. Não cobiçarás a mulher do teu próximo, nem seus servos ou servas, nem seu boi ou jumento, nem coisa alguma que lhe pertença.
Êxodo 20.17

O DÉCIMO MANDAMENTO condensa os que dizem respeito à relação do homem com o próximo. Poderia ainda dizer que, de forma ampliada, resume todo o Decálogo, pois foi justamente ao cobiçar ser como Deus que Satanás caiu em desgraça. Honrar os pais, preservar a vida (das pessoas e do meio ambiente), respeitar a propriedade alheia, dar valor ao sexo oposto e valorizar a verdade são atitudes, atos externos do ser humano.

No décimo mandamento, assim como no anterior, Deus nos apresenta algo que não tem como ser observado externamente, já que se trata de um sentimento que nasce e cresce internamente: a cobiça. A rigor, se não cobiçarmos não teremos a tentação de furtar, adulterar e, provavelmente, de matar (uma vez que a morte física ou da autoestima de outro muitas vezes é causada por algum tipo de inveja). Este mandamento é resolvido apenas no plano interno. Em boa parte dos outros é preciso uma conduta externa reveladora de nossa índole. No caso da cobiça não: ela acontece dentro de cada um. Além de Deus, apenas nós mesmos podemos saber se desejamos a casa do vizinho, a mulher do amigo, o carro novo do irmão ou o emprego com alto salário do colega que se formou conosco na faculdade. Claro que o simples ato de desejar não é pecado. Você pode almejar um cargo melhor na empresa. Pode desejar adquirir um carro novo. E também pode querer ter uma esposa bonita e companheira (se ainda não tiver uma).

A cobiça nasce a partir do desejo descontrolado, é o querer imoderado e inconfessável de possuir. A partir do momento em que se instaura no coração, nossa atenção, nossos pensamentos e nossos planos serão direcionados para conseguir alguma coisa — ou alguém — sem nos preocuparmos com as estratégias que vamos utilizar.

Em *Verdadeira espiritualidade*, Francis Schaeffer afirma: "Na verdade, quebramos este último mandamento, o de não cobiçar, antes de quebrarmos qualquer um dos outros. Toda vez que quebramos um dos outros mandamentos de Deus, significa que já violamos esse mandamento, cobiçando. Além disso, significa que sempre que quebramos um dos outros, quebramos este último também". Schaeffer compara ainda a cobiça com outro sentimento, o amor. "O amor é interior, não exterior. Poderão existir manifestações exteriores, mas o amor em si sempre será um fator interior. Cobiçar é sempre interior; a manifestação exterior será um resultado. Precisamos ver que amar a Deus de todo o coração, mente e alma é não cobiçar contra Deus; e amar o homem, amar nosso próximo como a nós mesmos, é não cobiçar contra o homem".

Ficção ou realidade?

Quando penso no décimo mandamento, lembro-me de dois filmes. O primeiro é *A mão que balança o berço* (1992), com excelente atuação da atriz Rebecca De Mornay no papel da babá Peyton Flanders. Embora a linha condutora do filme seja a vingança, é nítido que, ao cobiçar a posição de mãe, a personagem principal comete as maiores atrocidades para transformar seu desejo em realidade. Isso sem considerar, claro, os possíveis distúrbios de personalidade. Eu pessoalmente acredito que, algumas vezes, os desvios psíquicos são causados pela própria cobiça.

O segundo filme que me vem à mente é *Atração Fatal* (1987), com a atuação inesquecível da dupla Michael Douglas e Glenn Close. Douglas faz o papel de Dan Gallagher, advogado que aproveita a viagem de sua mulher para manter um caso extraconjugal com Alex Forrest, personagem de Glenn Close. Quando a esposa retorna, ele resolve interromper o relacionamento paralelo e passa a sofrer com a obsessão da amante em ocupar o lugar de esposa e ter o que a outra possui: casa, família e, principalmente, o marido.

Embora sejam obras de ficção, nos dois casos temos exemplos de pessoas que querem tomar o lugar de alguém, assumir determinado papel, ter o que não têm. Quando cobiçamos, no fundo queremos ser outra pessoa, aquela a quem pertence o que estamos intimamente desejando para nós. O apóstolo Tiago escreve em sua carta:

De onde vêm as guerras e contendas que há entre vocês? Não vêm das paixões que guerreiam dentro de vocês? Vocês cobiçam coisas, e não as têm; matam e invejam, mas não conseguem obter o que desejam. Vocês vivem a lutar e a fazer guerras. Não têm, porque não pedem. Quando pedem, não recebem, pois pedem por motivos errados, para gastar em seus prazeres.

Tiago 4.1-3

Curioso que poucos invejam o trabalho exaustivo, a dedicação extremada, a renúncia aos prazeres e outros elementos que exigem de nós. É fácil cobiçar ou invejar o que é bom, mas geralmente nos esquecemos de que muito disso teve (ou tem) um custo que poucos estão dispostos a pagar.

O filósofo John Locke disse que a inveja é uma inquietação da mente, causada pelo fato de alguém ter conseguido algo que almejamos antes que nós mesmos o conseguíssemos. Algo como tomar o que nos parece nosso por direito, mas, por um desses acasos inexplicáveis, foi parar nas mãos de terceiros. É um desvio de caráter no qual muitas pessoas resvalam.

Será que recentemente você cobiçou o que não é seu? Não precisa ser algo grande — como a casa, o carro ou mesmo o bom emprego de um amigo —, mas qualquer coisa, por menor que seja. Muita gente cobiça até a fama alheia, sem ter a menor ideia de que muitas vezes isso custa um imenso esforço aos famosos, não raro trabalho ininterrupto. Assim, a cobiça restringe-se ao reflexo do sucesso, a despeito do empenho necessário para consegui-lo.

Deus quer livrar seus filhos cobiçosos desse peso tremendo. Assim, lança o desafio para que você converta a cobiça — que é uma atitude negativa — em uma ambição positiva, aquele tipo de força de vontade que funciona como um toque

de despertar, um incentivo ao trabalho dedicado para chegar aonde se quer.
Ao fazer escolhas, as pessoas definem qual será seu modelo de vida. Com muito ou pouco dinheiro, devemos aprender a nos sentir realizados e, quando sentirmos falta de algo, lutar de forma honesta para conquistar.

O antídoto para a cobiça

A grande questão com a qual temos de nos defrontar no décimo desafio é sermos felizes com o que somos e temos, sem querer viver a vida dos outros ou possuir o que eles têm. Deus nos convida a sermos gratos pelo que é nosso, mesmo que seja pouco. A gratidão sincera é, portanto, o mais poderoso antídoto para a cobiça.

Quanto mais somos gratos pelo que conquistamos, menos vamos nos comparar com outras pessoas. Ao contrário, aprenderemos a valorizar e reconhecer os que conquistaram honestamente aquilo que têm.

Por outro lado, é possível ver nas famílias um verdadeiro ciclo da cobiça. É comum filhos praticamente obrigarem os pais a comprar roupas de grife, comer nos restaurantes mais caros (embora a motivação nem sempre seja a comida) e comprar aparelhos eletrônicos de última geração, mesmo quando eles não têm recursos financeiros. Isso acontece na almeja de reconhecimento, de ser igual aos amigos. Sob pressão, muitos pais cedem e fazem dívidas monstruosas só para agradar os filhos, para que eles "não passem vergonha".

Aqui, o estabelecimento de limites é uma questão importante. Como, porém, os pais poderão impor limites e dizer *não* se eles mesmos têm em seus corações a cobiça pela posição ou pelos bens de seus colegas de trabalho, companheiros de igreja, familiares ou vizinhos? Na maior parte das vezes, os filhos são termômetro ou espelho de nossas atitudes. Por isso, os pais devem olhar mais para os filhos, refletindo sobre eventuais erros que cometem e ver se eles não estão apenas reproduzindo os defeitos que observaram no comportamento dos pais.

Ao ensinar para os filhos o valor da verdadeira gratidão e satisfação, transmitimos que o mais importante é o que somos e não o que temos. Cada vez mais, a sociedade atual tem perdido a noção do valor próprio. Antigamente, homens faziam negócios e o que afiançava a transação não era uma firma reconhecida, o registro em cartório ou o imóvel de um fiador. Era tudo assinado no "fio do bigode". O que isso queria dizer? Que um contrato, mesmo verbal, baseava-se na honestidade, na ética, no compromisso da palavra da pessoa, na confiança.

Acredito que isso seja praticamente impossível de acontecer atualmente. Mesmo com todos os cuidados, o Judiciário está abarrotado de pessoas brigando com outras, seja por um trato descumprido ou por um contrato abusivo. Isso sem citar os órgãos de proteção ao crédito, cujos sistemas possuem listas quase intermináveis de pessoas que não honraram suas dívidas. A compra é feita, o bem é exibido a todos, mas o pagamento não foi efetuado. Alguns ainda acabam passando o vexame de ter o que adquiriram apreendido por um oficial de justiça — mas nem isso os intimida mais.

É preciso que o valor próprio seja recuperado. Deus não se importa com a quantidade de propriedades que temos, com nosso carro zero quilômetro, nem mesmo com nossas joias e roupas caras. O Senhor vê o nosso coração. Ele sabe que nenhum desses bens é capaz de fazer uma pessoa feliz.

Muitos conquistam inúmeros bens e os ostentam em programas de televisão ou nas revistas de assuntos fúteis. Contudo, por dentro estão vazios, solitários e deprimidos. Alguns põem seu coração nos tesouros conquistados. Quando, por algum motivo, perdem o que têm, veem seu mundo cair, acreditando que não valem mais nada, já que passam a não ser mais reconhecidos pelos membros da classe social que antigamente os bajulava.

Enriquecer não é pecado. Na Bíblia, vemos o exemplo de Jó, um homem que foi considerado íntegro pelo próprio Deus. Quando perdeu tudo que tinha, sua fé não foi abalada. Ele não amaldiçoou Deus, tampouco achou que não tinha mais valor. Entre muitas afirmações contundentes que fez, declarou: "Saí nu do ventre da minha mãe, e nu partirei. O SENHOR o deu, o SENHOR o levou; louvado seja o nome do SENHOR" (Jó 1.21).

Outro antídoto para a cobiça é desenvolver a capacidade de amar o próximo (não apenas em sentimento, mas em ação), treinando a si mesmo para se alegrar quando alguém obtém alguma coisa boa. Esse treino pode levar tempo, mas terminará por nos tornar pessoas diferentes, capazes de apreciar o que o outro tem.

Onde está o seu coração?

Outra passagem bíblica sempre me vem à mente quando sou atacado pelo desejo de ter algo que vi nas mãos de outras pessoas. Na parábola do rico insensato, Jesus mostra aos seus discípulos onde nossos olhos e nossa mente devem estar focados. Deus nos adverte a pôr nosso coração no que é duradouro e não naquilo que perece. Acompanhe o que Jesus disse a uma multidão quando uma pessoa foi até ele, pedindo-lhe que agisse como juiz e ordenasse que seu irmão dividisse com ele uma herança:

> Então lhes disse: "Cuidado! Fiquem de sobreaviso contra todo tipo de ganância; a vida de um homem não consiste na quantidade dos seus bens". Então lhes contou esta parábola: "A terra de certo homem rico produziu muito. Ele pensou consigo mesmo: 'O que vou fazer? Não tenho onde armazenar minha colheita'. Então disse: 'Já sei o que vou fazer. Vou derrubar os meus celeiros e construir outros maiores, e ali guardarei toda a minha safra e todos os meus bens. E direi a mim mesmo: Você tem grande quantidade de bens, armazenados para muitos anos. Descanse, coma, beba e alegre-se'. Contudo, Deus lhe disse: 'Insensato! Esta mesma noite a sua vida lhe será exigida. Então, quem ficará com o que você preparou?'".
>
> Lucas 12.15-20

Para relembrar outras orientações de Jesus sobre esse assunto, leia também Lucas 12.22-34. O Talmude — livro judaico sagrado, com discussões rabínicas — diz que "rico é quem está satisfeito com o que tem". Ou seja: se você não cobiça, é rico.

Uma pergunta: o que você faria se ganhasse um prêmio de dez milhões de reais? Ficaria satisfeito? Poria o coração nessa fortuna ou manteria a integridade, a espiritualidade e o respeito ao próximo e a Deus?

Finalmente, outro aspecto deste mandamento é importante para quem considera que já conquistou um bom patrimônio. Ao mesmo tempo que Deus adverte a não cobiçar o que é do próximo, esse preceito divino é uma garantia de que aquilo que você conquistou honestamente não seja objeto de cobiça dos outros. Assim, se todos, ou a grande maioria, respeitassem esse mandamento, não seria preciso preocupar-se com seus bens, instalar câmeras de segurança e cercas eletrificadas em casa, contratar seguranças armados, instalar alarmes nos carros ou pagar seguros. A mensagem de Deus é esta: viva a sua vida, seja você mesmo; a felicidade reside justamente em agradecer por tudo o que ele nos oferece, em especial nossa própria identidade — o maior bem que um ser humano pode ter. Cada um de nós ocupa uma posição singular na história da criação. Recebemos uma vida e, numa perspectiva meramente humana, podemos fazer com ela o que bem entendermos. Viver esse milagre com a intensidade e gratidão que ele merece é nosso grande desafio!

Os Dez Mandamentos Paradoxais

Uma das características que gosto nos Dez Mandamentos é o fato de focarem em decisões pessoais. Viver, cuidar e investir na própria vida. Madre Teresa de Calcutá pendurou um quadro com os chamados "Dez Mandamentos Paradoxais" na parede de seu quarto. Criados pelo advogado Kent M. Keith, estão no livro *Faça a coisa certa, apesar de tudo* e apresentam princípios que podem estimular os leitores a alcançar uma vida melhor. Realçam que nunca nosso grande assunto é com os outros, mesmo quando estamos falando de negócios, perdão, fofoca, adultério ou o que for. É sempre um assunto prioritariamente entre nós e Deus. E, claro, isso nos lembra que a integridade e a honra são atributos pessoais que ninguém pode nos tomar sem nossa autorização ou sem se valer de nossos próprios atos.

Segundo a editora Record, que lançou o livro no Brasil, "as ideias de Keith já viajaram todo o mundo e foram adotadas por instituições como os Escoteiros, o comitê

Para-Olimpíadas e por Madre Teresa de Calcutá". Os Dez Mandamentos Paradoxais são:

1. As pessoas são ilógicas, irracionais e egocêntricas. Ame-as, apesar de tudo.
2. Se você fizer o bem, as pessoas o acusarão de ter motivos egoístas ocultos. Faça o bem, apesar de tudo.
3. Se você tiver sucesso, ganhará falsos amigos e inimigos verdadeiros. Busque o sucesso, apesar de tudo.
4. O bem que você faz hoje será esquecido amanhã. Faça o bem, apesar de tudo.
5. A honestidade e a franqueza o tornarão vulnerável. Seja honesto e franco, apesar de tudo.
6. Os maiores homens e mulheres com as maiores ideias podem ser eliminados pelos menores homens e mulheres com as mentes mais estreitas. Pense grande, apesar de tudo.
7. As pessoas favorecem os oprimidos, mas seguem somente os bem-sucedidos. Lute por alguns oprimidos, apesar de tudo.
8. Aquilo que você passa anos construindo poderá ser destruído da noite para o dia. Construa, apesar de tudo.
9. As pessoas realmente precisam de ajuda, mas poderão atacá-lo se você as ajudar. Ajude as pessoas, apesar de tudo.
10. Dê ao mundo o melhor de você e levará um soco na cara. Dê ao mundo o melhor de você, apesar de tudo.

Veja que, no final das contas, *é entre você e Deus*. Assim, combater a cobiça no seu coração significa demonstrar gratidão ao Senhor e respeito a você mesmo e ao seu próximo. É o primeiro passo para melhorar de vida e proporciona uma extraordinária força moral.

PARA SABER MAIS

A inveja está intimamente ligada ao descontentamento com aquilo que temos, enquanto, ao mesmo tempo, é olhar para as coisas que outra pessoa tem e desejar que fossem nossas. Sentir inveja é ter uma dor persistente e terrível que nos corrói por dentro. Ela não nos deixa em paz e leva consigo todo o prazer das coisas que poderíamos, de outra forma, ter desfrutado.

Graham Tomlim, em *Os sete pecados capitais*

Dicas para uma vida melhor

- Não viva a vida dos outros, viva a sua.
- Sem cobiça sobra mais dinheiro no final do mês.
- Aprenda a lidar bem com o fato de que Deus também abençoa outras pessoas.

Conclusão

EU CREIO QUE os Dez Mandamentos da Bíblia funcionariam mesmo que Deus não existisse ou mesmo que tivesse criado o mundo e o abandonado. Em minha vida já pude experimentar a força das posturas e atitudes preconizadas nessa pequena lista de preceitos, dez itens que sobreviveram aos milênios. A religião tradicional e alguns governantes muitas vezes utilizaram o Decálogo como forma de controle social e dominação. Mas o uso equivocado não tira a força do que está presente ali, que, se for seguido, com certeza vai melhorar sua vida e a da sociedade. Os Dez Mandamentos são ótimos e podem produzir vida abundante, com realização e crescimento pessoal.

Durante muito tempo, o Decálogo foi uma fonte de frustração e dificuldades para mim, mas atualmente funciona como uma bússola para encontrar paz, abundância e plenitude. Espero que você também possa desfrutar dos benefícios oferecidos por essa fantástica lista e que este livro possa ter contribuído para isso de alguma maneira. Se quiser segui-lo sem o Deus que o redigiu, será útil mesmo assim. Mas, se perceber esse Deus amoroso e particularmente interessado em sua vida e felicidade, quem sabe isso não faz vocês se tornarem mais íntimos, mais próximos? Posso assegurar que o Pai eterno vai apreciar.

A obediência aos Dez Mandamentos só traz benefícios. Alguém que não furte e não adultere, por exemplo, evitará uma série de problemas. Mas estou absolutamente convencido de que a intenção do Pai é que sigamos suas ordenanças compreendendo quanto são amorosas. E não apenas no aspecto externo, mas como resultado de uma mudança interna. Quando mudamos para cumprir os mandamentos naturalmente, eles se tornam valores superiores e nós passamos a ser muito mais parecidos com Deus.

Não sei se você já se sentiu como eu, com fome e sede da compreensão da vontade de Deus para minha vida. Ao pensar na ideia de escrever este livro, confesso que tive um momento de hesitação. Quem me ajudou a firmar meu propósito foi uma história relacionada ao escritor cristão C. S. Lewis. Certa vez, o irlandês recebeu a seguinte crítica: "O leitor comum não quer saber de Teologia, apresente-lhe uma religião simples e prática". Lewis respondeu: "Rejeitei esse conselho. Não subestimo o leitor. Teologia significa 'ciência de Deus' e penso que quem se dispõe a refletir seriamente acerca de Deus gostaria de ter em mãos as ideias mais claras e precisas sobre Deus".[1]

Essa foi minha intenção ao compartilhar uma visão positiva sobre os Dez Mandamentos. Sem fugir da Teologia, mas também querendo que as ideias e aplicações fossem simples, claras e práticas, talvez conciliando os dois conselhos acima. Não sei se consegui, mas creio que minhas fragilidades podem ser compensadas se você tiver o desejo de refletir — e, claro, pelo Deus que acredito ter ditado os Dez Mandamentos.

Ele mesmo deseja que nos permitamos ser únicos, tal como ele nos criou. Diferentes. O Senhor nos quer assim:

distintos, realizados, amigos uns dos outros e também dele. O maior desafio, portanto, é o de realmente ser — com todas as nossas potencialidades — individuais e intransferíveis.

Creio que o Pai almeja a paz e a harmonia entre todas as suas criaturas, o que só é possível se cada um de nós viver sua própria vida, respeitando a si mesmo, aos outros e a tudo o que nos cerca. Ele espera que sejamos capazes de nos alegrar quando outros são abençoados. Isso é sinal claro de maturidade. É ter plena consciência do servir a Deus e aos homens. Nesse processo, nossos olhos merecem um cuidado especial. Afinal, na maior parte das vezes o pecado começa por aquilo que vemos. Alguns textos da Bíblia confirmam isso, como: "Os olhos são a candeia do corpo. Se os seus olhos forem bons, todo o seu corpo será cheio de luz. Mas se os seus olhos forem maus, todo o seu corpo será cheio de trevas". (Mt 6.22-23) e "Pois tudo o que há no mundo — a cobiça da carne, a cobiça dos olhos e a ostentação dos bens — não provém do Pai, mas do mundo" (1Jo 2.16).

É interessante que, sem a cobiça, confrontada no último dos Dez Mandamentos, torna-se muito mais fácil cumpri--los. O melhor resumo do Decálogo foi feito por Jesus:

> Um dos mestres da lei aproximou-se e os ouviu discutindo. Notando que Jesus lhes dera uma boa resposta, perguntou--lhe: "De todos os mandamentos, qual é o mais importante?" Respondeu Jesus: "O mais importante é este: 'Ouça, ó Israel, o Senhor, o nosso Deus, o Senhor é o único Senhor. Ame o Senhor, o seu Deus, de todo o seu coração, de toda a sua alma, de todo o seu entendimento e de todas as suas forças'. O segundo é este: 'Ame o seu próximo como a si mesmo'. Não existe mandamento maior do que estes".
> Marcos 12.28-31

De fato, se alguém ama a Deus acima de tudo e ao próximo como a si mesmo, não entrará em nenhum dos caminhos tortuosos que os Dez Mandamentos procuram prevenir. Repare como a cobiça está ligada aos outros preceitos do Decálogo: se amarmos a Deus, não vamos cobiçar suas funções nem entregá-las a terceiros, assim como não desrespeitaremos seu nome, nem cobiçaremos o tempo reservado para seu louvor. Não vamos querer ser como deuses, autossuficientes. Tampouco dominar as pessoas e o mundo. E, se não cobiçarmos nada do próximo, não teremos interesse em matar nada dele, nem tomar para nós o que lhe pertence, seja vida, honra, esposa, bens ou dignidade. Se não cobiço o dinheiro, nem a posição, de alguém, não terei necessidade de praticar falso testemunho para conseguir algo que não acho tão valioso que valha a pena sacrificar minha integridade pessoal. Em suma, creio que enfrentar a cobiça, em qualquer uma de suas formas, é um excelente caminho para o aperfeiçoamento moral e espiritual.

Podemos citar Agostinho de Hipona, considerado o maior teólogo do primeiro milênio de cristianismo: "Ame a Deus e faça o que quiser". Perfeito. Afinal, se caminharmos com Deus, seremos influenciados por sua bondade e seus valores e, se o amarmos e virmos sua criação, seremos respeitosos com toda ela, desde os nossos irmãos até a própria natureza.

Cada um de nós pode ser construtor em vez de destruidor. Pode ser um sacerdote da obra divina, espalhando sua mensagem tal como foi dita em toda a sua grandiosidade e em favor de todos. Venha unir-se aos que entenderam a palavra que ecoa ao longo dos milênios. Os mandamentos desse Deus Pai é capaz de nos abrir os olhos como meio para ver o que realmente faz a diferença e, assim, ter uma vida plena de significado.

O Senhor desafia seus filhos a viver com ele um relacionamento de intimidade, independentemente das circunstâncias. E de maneira completamente individual. Como, aliás, está bem claro em Êxodo 3.6, quando ele se apresenta a Moisés como "O Deus de Abraão, o Deus de Isaque, o Deus de Jacó". Ele também é o nosso Deus, o seu Deus! A presença do Criador deve ser um marco em nossa vida. Deus também se faz conhecido no mundo por meio das nossas experiências. Paulo disse que aqueles que seguem Cristo são "cartas" vivas (2Co 3.2-3). Em tempos de sofisticação no mundo digital, somos "*e-mails* vivos". Milhões de pessoas precisam descobrir as boas notícias que trazemos! Os dez desafios estão aí. Porém, só terão valor se deixarem de ser letras impressas em um livro para se tornarem verdade em seu coração e em sua mente.

Da intenção até a ação às vezes há um longo percurso. Portanto, é hora de tomar uma atitude. Em primeiro lugar, deixe suas ansiedades e seus temores nas mãos do Pai. Peça a ele orientação sobre qual a melhor atitude, a melhor palavra. E também não deixe de fazer a sua parte. Da melhor e mais amorosa maneira possível. Olhe à sua volta. Leia as manchetes de jornais e revistas. Assista aos telejornais. Você está satisfeito com o que vê e lê? Você não gostaria que algo mudasse no mundo?

Se sua resposta foi *sim*, lembre-se do que Mohandas Gandhi disse: "nós devemos ser a mudança que queremos ver no mundo". Mude a si mesmo e o mundo todo ficará melhor. E, claro, é de metro quadrado em metro quadrado que se pode transformar o planeta. Você adquirirá uma vida mais plena e abundante e será possuidor de uma extraordinária força moral ao mudar, ser especial, ter valores estáveis e integridade

— algo para o qual seguir os Dez Mandamentos pode contribuir bastante. É essa força que nos segura nos momentos difíceis. Por isso, o sábio Salomão escreveu em Provérbios 10.25: "Passada a tempestade, o ímpio já não existe, mas o justo permanece firme para sempre".

Grandes mudanças começam com pequenas atitudes. Vivencie os Dez Mandamentos como uma dádiva incomparável e inicie a transformação do mundo mudando aquilo que é mais difícil: você mesmo! Deus sempre faz a parte dele. A sua, só você pode fazer.

Notas

Capítulo 1
[1] A mensagem do Sermão do Monte, p. 25-26.

Capítulo 2
[1] Verdadeira espiritualidade.

Capítulo 3
[1] Obras psicológicas completas.
[2] P. 9.

Capítulo 8
[1] Jairo FRIDLIN e David GORODOVITS.

Capítulo 10
[1] Disponível em: <http://amaivos.uol.com.br/amaivos09/noticia/noticia.asp?cod_noticia=4485&cod_canal=49>. Texto atribuído a Frei Betto. Acesso em 20 de mai. de 2013.
[2] 10 de mar. de 1991.

Capítulo 13
[1] P. 53
[2] Disponível em: <http://blog.kanitz.com.br/poder-validacao/>. Acesso em 21 de mai. de 2013.

Conclusão
[1] Cristianismo puro e simples.

Referências bibliográficas

Boff, Leonardo; Christo, Carlos. *Mística e espiritualidade*. Rio de Janeiro: Rocco, 1994.
Bonhoeffer, Dietrich. *Discipulado*. São Leopoldo: Sinodal, 2004.
Brito, Paulo Roberto Borges de; Mazzoni-Viveiros, Solange Cristina (Org.). *Missão integral: Ecologia & sociedade*. São Paulo: W4 Editora, 2006.
Carrenho, Esther. *Raiva: seu bem, seu mal*. São Paulo: Vida, 2005.
César, Marília de Camargo. *Feridos em nome de Deus*. São Paulo: Mundo Cristão, 2009.
Chapman, Gary. *Castelo de cartas: dez comportamentos que destroem os melhores casamentos*. São Paulo: Mundo Cristão, 2009.
Collins, Gary R. *Aconselhamento cristão: edição século 21*. São Paulo: Vida Nova, 2004.
De Masi, Domenico. *O ócio criativo*. Rio de Janeiro: Sextante, 2000.
Douglas, William. *A última carta*. Niterói: Impetus, 2010.
_____. *Como passar em provas e concursos*. 10ª ed. Niterói: Impetus, 2012.
Felder, Leonard. *Os dez desafios*. São Paulo: Cultrix, 1999.
Fridlin, Jairo; Gorodovitz, David. *Bíblia hebraica*. São Paulo: Sêfer, 2006.
Grun, Anselm. *As exigências do silêncio*. Petrópolis: Vozes, 2004.
Hummel, Charles E. *Livres da tirania da urgência*. Viçosa: Ultimato, 2001.
Keith, Kent M. *Faça a coisa certa, apesar de tudo*. Rio de Janeiro: Record, 2003
Kolitz, Zvi. *Yossel Rakover dirige-se a Deus*. São Paulo: Perspectiva, 2003.

LEWIS, C. S. *Cristianismo puro e simples.* 3ª ed. São Paulo: Martins Fontes, 2009.

MANNING, Brennan. *O evangelho maltrapilho.* São Paulo: Mundo Cristão, 2005.

MCLAREN, Brian D. *Em busca de uma fé que é real.* Niterói: Palavra, 2009.

NOUWEN, Henri. *Crescer: Os três caminhos da vida espiritual.* São Paulo: Paulinas, 2011.

PACKER, J. I. *Teologia concisa.* São Paulo: Cultura Cristã, 1999.

PETERSON, Eugene. *A maldição do Cristo genérico.* São Paulo: Mundo Cristão, 2007.

SCHAEFFER, Francis. *Verdadeira espiritualidade.* São Paulo: Cultura Cristã, 1999.

SIGMUND, Freud. "Atos obsessivos e práticas religiosas". Em: *Edição standard brasileira das obras psicológicas completas.* Rio de Janeiro: Imago, 1976.

STOTT, J. R. W. *A mensagem do Sermão do Monte.* 2ª ed. São Paulo: ABU Editora, 1989.

TIBA, Içami. *Disciplina, limite na medida certa.* São Paulo: Editora Gente, 1996.

TOMLIM, Graham. *Os sete pecados capitais: você pode vencê-los.* Rio de Janeiro: Thomas Nelson Brasil, 2008.

TOURNIER, Paul. *Mitos e neuroses: desarmonia da vida moderna.* São Paulo: ABU editora / Viçosa, Ultimato, 2002.

WILLARD, Dallas. *Ouvindo Deus.* Viçosa: Ultimato, 2002.

YANCEY, Philip. *A Bíblia que Jesus lia.* São Paulo: Vida, 2000.

_____. *Alma sobrevivente.* São Paulo: Mundo Cristão, 2004.

_____. *Maravilhosa graça.* São Paulo: Vida, 2000.

_____. *O Deus (in)visível.* São Paulo: Vida, 2001.

Sobre o autor

William Douglas é desembargador federal do TRF 2, professor universitário, mestre em Direito, pós-graduado em Políticas Públicas e Governo e conferencista. Como escritor, integra a Academia Evangélica de Letras do Brasil (AELB), a Academia Niteroiense de Letras (ANL) e é autor de *best-sellers*, entre os quais *Como passar em provas e concursos* e *As 25 leis bíblicas do sucesso*.

É casado com Nayara e pai de Fernanda Luísa, Lucas e Samuel.

Para mais informações sobre o autor:
Site: www.williamdouglas.com.br
Facebook: /paginawilliamdouglas
Twitter: @Site_WD
Youtube: /sitewilliamdouglas
Instagram: /williamdouglas

CONHEÇA OUTRAS OBRAS DA COLEÇÃO LEIS BÍBLICAS:

Talvez você não saiba, mas a Bíblia é o melhor manual sobre o sucesso já escrito até hoje. Extremamente atual, indica os caminhos para que qualquer pessoa, religiosa ou não, alcance seus objetivos. Isso porque a Bíblia não é apenas um livro religioso. Além das orientações espirituais, suas lições passam por valores e convicções como disciplina, força de vontade, capacidade de crescer com as dificuldades, inteligência, criatividade, coragem, determinação e autocontrole.

Assim como existem leis humanas, leis civis, leis da natureza e leis físicas, existem também as leis espirituais. Quando se fala nelas, a maioria pensa que se refere apenas a questões religiosas, mas não é bem assim. Leis espirituais são leis imateriais que influenciam o seu dia a dia e também guardam uma relação de causa e efeito.

Cada um tem sua própria definição de sucesso. Para nós, o sucesso é a harmonia e equilíbrio entre as diversas áreas da vida, como carreira, remuneração, saúde, bem-estar pessoal, bom relacionamento familiar, boa fama, credibilidade e respeito.

Auxiliar o leitor na busca da evolução pessoal, do estado de paz, tranquilidade, gratificação e prosperidade é o objetivo maior da **Coleção Leis Bíblicas**.

Mais de 300.000 pessoas do Brasil e do Exterior já compraram o primeiro volume da coleção, *As 25 Leis Bíblicas do Sucesso*.

A Editora Impetus lança agora as novas edições dos três primeiros volumes da Coleção.

INFORMAÇÕES SOBRE A IMPETUS

Para saber mais sobre os títulos e autores
da EDITORA IMPETUS,
visite o site www.impetus.com.br
e curta as nossas redes sociais.
Além de informações sobre os próximos lançamentos,
você terá acesso a conteúdos exclusivos
e poderá participar de promoções e sorteios.

 www.impetus.com.br

 facebook.com/ed.impetus

 twitter.com/editoraimpetus

 instagram.com/editoraimpetus

Rua Alexandre Moura, 51
24210-200 – Gragoatá – Niterói – RJ
Telefax: (21) 2621-7007

E-mail: atendimento@impetus.com.br